"十四五"职业教育国家规划教材

U0590184

人才培养

系列教材

F I N A N C E   A N D   T R A D E

网店美工

第4版 全彩微课版

Photoshop CC 2020

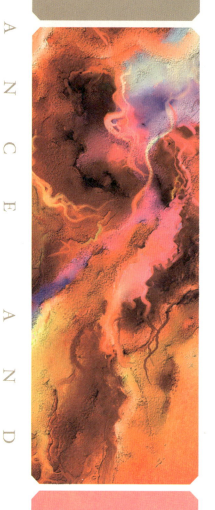

段建 张瀛 张磊

主编

李敏 钟志锋
卢立红

副主编

人民邮电出版社

北京

图书在版编目（CIP）数据

网店美工：全彩微课版：Photoshop CC 2020 / 段
建，张瀛，张磊主编. -- 4版. -- 北京：人民邮电出版
社，2023.7（2024.6重印）
电子商务类专业创新型人才培养系列教材
ISBN 978-7-115-61625-8

Ⅰ. ①网… Ⅱ. ①段… ②张… ③张… Ⅲ. ①网店—
设计—高等学校—教材②图像处理软件—高等学校—教材
Ⅳ. ①F713.361.2②TP391.413

中国国家版本馆CIP数据核字(2023)第063465号

内 容 提 要

随着电子商务行业竞争的日益加剧，网店美工设计逐渐成为提高客流量与转化率的重要着力点。如何通过有吸引力的美工设计让网店商品在众多竞争对手中脱颖而出、引导买家点击浏览并下单购买，已经成为每个卖家进行网店装修时必须认真考虑的问题。

本书结合作者多年的网店美工设计经验，从"学以致用"的角度出发，旨在帮助读者全面掌握网店美工设计的相关技能。本书共分为11章，内容包括网店装修美工设计快速入门，网店装修四大要点，网店装修六大技能，店标与店招设计，首焦轮播区和商品陈列区设计，服饰网店与箱包网店首页设计，商品详情页设计，商品短视频制作，移动端网店装修美工设计，以及移动端网店首页与详情页装修设计等。

本书内容新颖，图文并茂，不仅可以作为高等院校相关专业及培训机构的教材，还适合网店卖家、美工设计人员等电子商务从业者学习参考。

- ◆ 主　　编　段　建　张　瀛　张　磊
　　副 主 编　李　敏　钟志锋　卢立红
　　责任编辑　侯潇雨
　　责任印制　王　郁　彭志环
- ◆ 人民邮电出版社出版发行　　北京市丰台区成寿寺路 11 号
　　邮编　100164　　电子邮件　315@ptpress.com.cn
　　网址　https://www.ptpress.com.cn
　　中国电影出版社印刷厂印刷
- ◆ 开本：889×1194　1/16
　　印张：12　　　　　　　　　　　2023 年 7 月第 4 版
　　字数：310 千字　　　　　　　　2024 年 6 月北京第 6 次印刷

定价：59.80 元

读者服务热线：(010)81055256　印装质量热线：(010)81055316
反盗版热线：(010)81055315
广告经营许可证：京东市监广登字 20170147 号

前言
Foreword

党的二十大报告提出："加快发展数字经济，促进数字经济和实体经济深度融合，打造具有国际竞争力的数字产业集群。"表明未来经济中网络经济、数字经济、电子商务新业态的重要地位和作用。随着电子商务的飞速发展，卖家数量的持续增长，买家的选择越来越多，买家对网购体验的要求也越来越高。很多人认为电子商务越来越难做了，但是每年还会有很多新的网店脱颖而出。我们深入了解这些网店时，就会发现它们不仅有过硬的爆款商品，还有颇具视觉冲击力的网店装修。

如何通过精美的网店装修来吸引买家、提高网店的关注度是每个卖家都需要考虑的问题。网店美工设计就是要吸引更多的买家进入网店、提高网店的转化率。网店美工人员不仅要学会挖掘商品卖点、对商品详情页进行个性化的设计，还要掌握网店风格定位、色彩搭配、页面布局的方法，以及店标、店招、首焦轮播区、商品陈列区、首页、商品详情页、商品短视频等的设计技巧。

本书内容安排

本书主要依托 Photoshop CC 2020 进行讲解，内容新颖，案例丰富，在上一版的基础上进行了全新升级。本书立足电子商务卖家的实际需求，与时俱进，特别安排了商品短视频制作、移动端网店装修美工设计等内容，并在核心章节设置了"综合实训"模块，帮助读者真正掌握网店美工设计技能。此外，本书还利用"技能扩展"模块对京东平台上的网店装修进行了讲解。

本书编写特色

● **价值引领，案例主导**。本书选取符合党的二十大精神、体现社会主义核心价值观、弘扬传统文化的案例。案例涵盖店标、店招、首焦轮播区、商品陈列区、网店首页、商品详情页、商品主图视频、商品详情页视频、直播主图、移动端网店首页与详情页等网店美工设计内容，并给出详细的设计思路和操作步骤，通过"设计理念""技术要点""实操演练"等环节对案例进行专业的剖析与讲解，简单易学。

前言
Foreword

● **重在实操，学以致用。**本书特别注重设计方法和实操技巧的归纳总结，在网店美工设计知识点和实操案例的讲解过程中穿插了软件操作，让"学以致用"这一教学思想得以实现，使读者能够在实践中深入掌握所学知识。

● **同步微课，全彩印刷。**读者用手机扫描书中的二维码，即可观看案例操作的微课视频，强化学习效果。此外，为了帮助读者更直观地观察图像效果、对照微课视频进行深入学习，本书采用全彩印刷，并设计了精美的版式，帮助读者在赏心悦目的阅读体验中快速掌握网店美工设计的各种技能。

● **资源丰富，拿来即用。**本书提供了丰富的立体化教学资源，包括素材文件、效果文件、PPT、教学大纲、教案、习题答案、试卷等，读者可以登录人邮教育社区（www.ryjiaoyu.com）下载并获取相关教学资源。

虽然我们在编写过程中力求准确、完善，但书中仍可能存在疏漏与不足之处，恳请广大读者批评指正，在此深表谢意！

编者

2023 年 6 月

目录
Contents

第4章　店标与店招设计 ·············57

第5章　首焦轮播区和商品
　　　 陈列区设计 ···············70

第1章
网店装修美工设计快速入门

➡️ **学习目标**

- 理解网店装修的重要性。
- 明白网店装修与转化率的关系。
- 学会用有效的方法确定网店装修的风格。
- 注意网店装修细节问题，避免客流量的流失。

➡️ **素养目标**

- 切实体会"打铁还需自身硬"的道理，培养求真务实的职业素养。
- 培养一丝不苟、精益求精的工匠精神。

　　对于同样的商品，有的卖家就能把商品卖出去，生意做得风生水起，有的卖家发布的商品则会石沉大海，无人问津。买家为什么会对相同的商品有截然不同的态度呢？除了推广方式和营销手段外，网店装修的作用也不可小觑。商品再好，吸引不来买家也毫无用处。因此，对于卖家来说，网店装修是决定网店成败的重要因素之一。

1.1 初步了解网店装修

如何让自己的网店在浩如烟海的网店中脱颖而出呢？网店的装修至关重要。如今，买家的眼光越来越高，对网店的视觉要求也越来越高。买家进店不仅需要享受优质的服务，还需要浏览到赏心悦目的购物环境，因此网店装修成为网店营销中不可或缺的重要部分。

例如，某网店首页装修效果和具体分析如图1-1所示，整个首页的色彩和修饰元素和谐统一，并且通过合理的布局将页面分为多个不同的功能区域，页面每一处都经过了精心的设计和美化，将商品的特点和网店的风格展示在买家的面前。

通过独特的字体设计来展现网店的 Logo，给人一种可爱、俏皮之感，搭配白色的背景，展现出清新、大气的效果，从而提升网店的视觉效果，赢得买家的信任

将色彩鲜明的图片作为首焦轮播区的背景，并使用一些有趣的图形元素进行修饰，营造出一种清新、自然的氛围。图片中间的文字凸显出网店的活动主题，文字颜色与整幅画面的色调形成鲜明的对比，可以吸引买家的关注

将红色和白色进行搭配，形成鲜明的对比，并将商品标题文字颜色设计为黑色，显得既鲜明、突出又不失稳重

商品分类区采用不同的颜色作为背景，方便买家根据需求进行挑选

添加"品牌介绍"板块，为买家展示企业发展历程和线下商务合作案例，更容易赢得买家的信任，激发买家的购买欲望

图1-1 某网店首页装修效果和具体分析

1.1.1 什么是网店装修

用户通过电商平台注册会员并开通卖家服务后，就可以在电商平台上将商品上架，通过商品图片、活动海报等内容让买家了解网店的商品信息。

网店装修通过图形图像软件对商品图片进行修饰，利用美学设计对素材、文字和图片进行组合，给人以舒适、直观的视觉感受，让买家从设计好的网店中了解到更多的商品信息和网店信息。买家进入一个网店，首先看到的就是网店的装修，没有专业、精美的装修，网店中的商品质量再好，也不一定能销售出去。

直接拍摄的箱包商品图片如图 1-2 所示。如果没有进行后期的美化和修饰，直接将这样的图片添加到网店页面中，商品就很难销售出去。网店美工设计人员可以用专业的图形图像处理软件对图片进行抠图，同时调整箱包的层次和色彩，使其与人们观看到的真实效果一致，如图 1-3 所示。最后，将编辑处理好的商品图片添加到网店页面中，使其达到对买家具有视觉吸引力的展示效果，如图 1-4 所示。从处理商品图片开始，将各种修饰素材有机组合，制作成网店装饰页面的过程就是网店装修。

网店装修与网店的货源一样重要，绝对不能忽视。正所谓"三分长相，七分打扮"，网店的装修就如同实体店的装修，可以让买家从视觉和心理上感受到网店的专业性和权威性，以及卖家对网店的用心程度。

美观、大气、恰如其分的网店装修可以延长买家在网店中的停留时间，使买家在浏览网页时不易出现视觉疲劳，自然会细心浏览网店，从而实现提高网店销售额的目标。

优秀的网店装修能够最大限度地提升网店的形象，有利于网店品牌的打造，并能提高网店的浏览量及销售转化率。那么，网店装修主要是对网店中的哪些位置进行装修呢？

从图 1-5 和图 1-6 中可以发现，网店中需要装修的区域非常多，而且它需要根据商品的变化、季节的变换、节日的变化等进行相应的调整。也就是说，网店装修是一项持续性较

图 1-2　直接拍摄的箱包商品图片

图 1-3　经过处理的商品图片

图 1-4　添加图片到网店页面中

图 1-5　首页装修

图 1-6　详情页装修

强的工作，需要付出很多时间和精力。

1.1.2 网店装修的重要性

买家进入一个网店后，是否会购买这个网店中的商品会受很多因素的影响（见图 1-7）。分析这些因素，不难发现大部分是需要依靠网店装修来解决的。

图 1-7 买家决定是否购买的因素

首页是一个网店的门面，需要用心策划和布局。商品图片如果没有经过后期的美化与修饰，是很难让买家产生兴趣的，如图 1-8 所示。手表商品图片在没有处理之前显得毫无质感，经过后期的色调调整，所呈现出来的效果会增强其质感，如图 1-9 所示。对商品的细节进行分解，还可以提升商品图片的表现力，将商品的各个方面都展示出来，如图 1-10 所示。

图 1-8 没有经过后期美化与修饰的图片

图 1-9 经过后期美化与修饰的图片

图 1-10 展示商品细节

图 1-11 所示为两个销售相同商品的网店首页对比图：图 1-11（a）将商品包装在纸箱中，橱窗中展示的图片很难看清销售的是什么商品，也没有对网店进行装修和美化；图 1-11（b）将商品具体

的使用效果图放在橱窗中细致地展示出来，并利用图形、广告画和活动文字等元素对首页进行装修，使商品品质感更强，这样更容易被买家接受，无形之中为网店增添了可信任度和关注度。

网店装修是提高网店销售额的法宝，因此卖家需要对网店进行美化，以吸引更多的买家。

(a)

(b)

图 1-11　两个销售相同商品的网店首页对比图

1.1.3　网店装修与转化率的关系

当网店的装修工作做到一定程度后，就可以进行宣传和推广了。在经营的过程中，卖家可以逐步完善网店的装修，既不能一味地装修，也不能一味地宣传。只装修不宣传，没有人知道网店的存在，没有浏览量，销量不可能增加；只宣传不装修，买家不信任网店，不敢买，浏览量虽然增加了，但是销量不会增加。因此，装修是做好网店的基础，宣传则是催化剂，宣传能让网店的生意兴旺起来。

网店的经营看似简单，其实涉及的内容很复杂。现在开网店的人非常多，买家对网店的要求也越来越高。为了让自己的网店经营得更好，很多卖家会绞尽脑汁地推广自己的网店，从而获取更高的收益。一个网店，不管卖的是什么，都要经常更新货架，目的就是让买家有惊喜。想要新品在上架后得到更多的关注，商品图片的修饰、商品详情页的制作、新品上架广告的制作等都需要依靠网店装修来完成，因此网店装修的好看与否直接决定浏览量的高低。

在网店营销中有一个公式，如图 1-12 所示。它展示了哪些因素会影响网店内容对访问者的吸引程度。在这 4 个因素中，视觉吸引力是一个重要的因素。由于网店中的所有信息都是依靠图片进行传达的，所以提升图片的表现力是网店装修工作的重点。

网店的销量高低直接与转化率相关，而影响转化率的主要因素包括商品的图片、买家的评价、卖家的促销活动等。这些因素都涉及网店装修，可见网店装修与网店的转化率是密不可分的。图 1-13 所示为提高转化率与相关因素之间的关系。

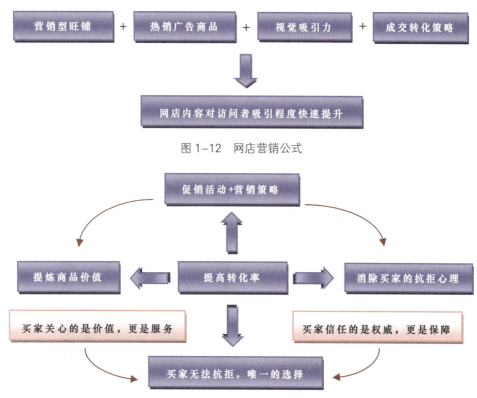

图 1-12 网店营销公式

图 1-13 提高转化率与相关因素之间的关系

在网店营销中，图片在整个交易环节中起到非常重要的作用，因为买家不可能直接接触商品，只能通过图片进行观看，所以卖家拍摄的图片质量直接决定了交易的达成情况。除了图片要精美、清晰之外，商品描述同样必不可少。商品描述越详细越好，要把商品的功能、款式、规格等描述得细致入微，把每一个细节都展示给买家。如果卖家能够做到图片和文字的高效结合，那么订单量会大幅度增加。

例如，图 1-14 没有突出细节，虽然将商品信息在页面的顶端进行了说明，但是没有针对商品的细节进行讲解，且大段的文字会让买家失去阅读的兴趣；图 1-15 放大了商品的重要细节，充分地表现出了商品的特点。由此可以看出，只有经过深思熟虑、精心装修的网店才能引起买家的消费兴趣，进而提高网店的转化率。

在装修网店时，大多数网店美工设计人员会按照品牌形象来装修，很有意境。然而，这种网店只适合用来展示品牌，真正要做到销售转化是很难的，因为买家网购的目的很明确，之所以进到店里，主要是对商品感兴趣，所以在装修时需

图 1-14 没有突出细节

图 1-15 放大细节

要注意两个方面：一是用来展示网店定位的店招不需要太花哨，只需要说明网店销售什么商品即可；二是充分展示商品的精美度。某些时候还可以使用一些特殊手法来增强商品的视觉效果，由此引起买家的兴趣，达到提高转化率的目的。

1.2 网店装修的风格定位

网店装修虽然有很多漂亮的模板可以使用，但是这些网店模板都有各自的特点风格，如果不符合自己网店的定位，那么就不是一个理想的可使用的装修模板。下面将介绍如何确定网店装修的风格，以及不同行业网店装修的风格。

1.2.1 如何确定网店装修的风格

网店装修流程如图1-16所示。在对网店进行装修时，需要先确定网店装修的风格。

网店装修的风格在一定程度上可以影响网店的运营。定位准确、美观大方的网店装修可以提升网店的品位，从而吸引目标买家，增加潜在买家的浏览概率及停留时长，最终提高网店的销售额。

卖家在确定网店的风格时可以借鉴一些时尚网站中的设计风格，如图1-17所示。

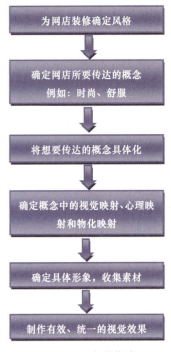

图1-16 网店装修流程

图1-17 某时尚网站设计

网店装修的风格一般体现在网店的整体色彩、色调及图片的拍摄风格上。交易平台网站上有多种网店风格，卖家可以选择这些固定的网店模板来进行装修，也可以根据网店内商品的特点和风格重新设计，使网店独具特色，更符合网店的定位。

想要确定网店装修的风格，不能只靠网店卖家或网店美工设计人员的个人品位，还需要一种系统的方法，如图1-18所示。

在确定网店风格时，首先需要做的就是通过综合用户研究结果、品牌营销策略，采用内部讨论等方式明确关键词，如"清爽""专业""有趣""活力"等。然后邀请用户、网店美工设计人员等参与素材的收集工作，使用图片展示风格、情感。接下来分析选择图片的原因，挖掘更多背后的故事和细节。最后，将素材图片按照关键词进行分类，提取色彩、配色方案、机理材质等特征，作为最后的视觉风格产出物。

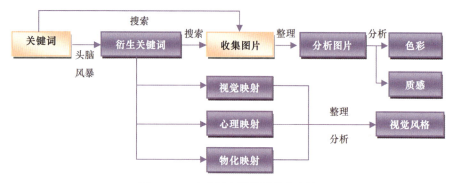

图 1-18　确定网店装修风格的方法

这里以关键词"清新"为例，通过联想关于"清新"的颜色得到一组色彩较为淡雅的配色；接着联想与"清新"相关的材质，即衣裙、天空等，再进一步分析这些材质带给人的视觉、心理和物化上的映射词组，从而大致把握有关"清新"这个风格的素材；最后对这些信息进行组合和提炼，如图 1-19 所示，基本完成网店装修素材的收集工作。

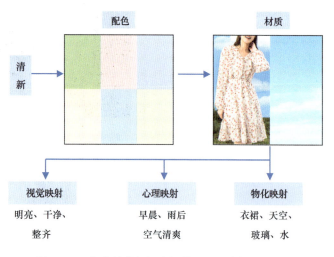

图 1-19　将素材进行组合提炼（以"清新"为例）

确定网店的风格除了要独树一帜外，还要关注同行。要时刻关注竞争对手网店的新品上架、网店装修等情况，将竞争对手网店与自身网店进行深入的对比，总结出更适合自身网店的销售方案和装修风格。

总之，在网店装修的过程中首先要准确定位，突出网店风格和主打品牌，并且适时借鉴别人的方法与经验，才会有一个好的开端。

▶ 1.2.2 不同行业网店装修的风格

图 1-20、图 1-21 和图 1-22 所示分别为三种不同行业、不同风格的网店首页装修效果，依次为暗黑酷炫风格、北欧风格和淑女风格。通过对比可以发现，它们各自选择了适合自己行业和网店风格的修饰元素，并且使用了不同的配色方案，如图 1-23 所示。

图 1-20　暗黑酷炫风格

图 1-21　北欧风格

图 1-22　淑女风格

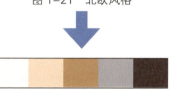

图 1-23　不同网店风格与配色

　　根据网店销售商品的不同，对商品进行有效的包装和设计，使商品和网店所呈现出来的视觉效果独具特色，在买家心中形成特定的印象，有助于自身网店形象的树立。

1.3　网店装修中需要注意的问题

　　在确定了网店装修的风格之后，在网店装修具体的制作和维护过程中还要关注一些细节问题。如果不注意这些细节，就可能让买家在浏览网店的时候体验不佳，从而导致客流量的丢失，最终使成交率无法提高。

1.3.1　装修图片的显示

　　装修网店所用的图片要存放在卖家自己账户的网络空间中，使用某些免费的存储空间或者盗用别人的图片，可能会出现图片正常显示几天后就不能显示的情况，如图 1-24 所示。因此，要将装修的图片管理好，使用正规的网络存储空间来管理图片，并且及时在计算机上进行备份，以免图片丢失。

图 1-24　图片无法显示

9

1.3.2 适量使用闪图和特效

有的卖家在进行网店装修时喜欢使用大量的闪图和特效。闪图是 GIF 格式的，能够通过动画的方式显示，如图 1-25 所示；特效是网页脚本特效，如浮动广告等。

图 1-25　闪图

在装修网店时要适量使用闪图和特效，因为闪图和特效会占用计算机空间，计算机配置不是很高的买家进入网店后计算机运行速度就会变慢，买家会感觉等待时间过长，以致购物体验变差。过多的闪图和特效也很容易让买家感到视觉疲劳，而且会喧宾夺主，突出不了商品的重点。

1.3.3 添加音乐要有讲究

在网店中添加音乐（见图 1-26）时要深思熟虑。如果买家不开音响，添加的音乐不仅毫无作用，还会占用网络数据的传输空间；如果买家开了音响，进入网店后，网店音乐与买家播放器的音乐出现重合，买家可能会立刻关闭网店页面。如果确实想添加音乐，建议添加一些比较柔和、悦耳的音乐，让人感觉舒服的音乐会让买家在店内的停留时间变长。

图 1-26　添加音乐

1.3.4 控制装修图片的色彩

巧妙地运用色彩可以使网店页面变得鲜艳、生动、富有活力，但是网店页面的颜色不能太多、太杂，要保持统一，要有一个固定的配色方案对色彩进行规范，以减少视觉干扰。颜色过多容易造成版面的视觉效果复杂、混乱，对买家获取商品信息毫无帮助，甚至可能会带来负面影响，如图 1-27 所示。

1.3.5 网店风格的选择

在网店装修之初就要确定风格，通常情况下会选用"默认风格"，因为商品的图片大多是通过抠图抠出来的，背景是白色的，"默认风格"的背景基本上也是白色的，整体会显得简明、舒适，如图 1-28 所示。如果商品图片的背景不是白色的，就可以选择其他风格。此外，在把握网店整体风格的同时，还要考虑其稳定性和可更改性。

图 1-27　颜色过多

图 1-28　选择"默认风格"

1.3.6　网店视频切忌过长

随着互联网技术的高速发展，各大电商平台都逐渐开始支持视频功能。很多网店选择用动态的视频取代静态的图片作为商品主图（见图 1-29）或者在商品详情页中插入视频广告，以达到吸引买家购物、提高商品转化率的目的。卖家为了在激烈的竞争中占据优势，的确需要紧跟这一热潮，但是要注意控制视频的时长。

图 1-29　主图视频

据淘宝官方数据统计，仅有 50% 的买家会在商品详情页上停留超过 30 秒，80% 的买家浏览不到 8 屏，并且 1~5 屏的转化率为 16.8%。因此，要想提高商品的转化率，就要在短时间内将有效的信息传递给买家。一张静态的图片通常一两眼就能看完，而一段视频却需要花上几秒甚至更多的时间。因此，尽管各电商平台规定的视频时长上限并不短，但是卖家在制作视频时仍然要控制好时间，让买家能在极短的时间内了解商品并做出购买的决定。

【课后练习】

1．根据本章所讲内容，结合实例简述网店装修的重要性。

2．在淘宝上搜索"骆驼服饰旗舰店""利郎官方旗舰店"，并分析它们的装修风格。

3．试分析淘宝网店"七匹狼官方旗舰店""韩都衣舍旗舰店"在网店装修上的优势。

第2章
网店装修四大要点

➡ **学习目标**

- 掌握拍摄商品图片的基本技巧，并能根据设计风格收集修饰素材。
- 熟知常见的色彩搭配方法，学会如何对网店页面进行色彩搭配。
- 了解页面布局的组成要素和方式，学会使用页面布局来突出页面的层次感和主次感。
- 能够对段落文字进行合理排列，打造具有高表现力的文字造型，并利用文字营造特定的氛围。

➡ **素养目标**

- 在进行作品创意设计时，可植入优秀传统文化元素，增强民族自豪感和文化自信。
- 发挥创新能力，激发创意，与时俱进，勤于探索，勇于实践。

　　买家进入网店，如果视觉体验不好，就更不用说去看网店中的商品了，所以不能忽视最基本的网店装修环节。本章主要从图片素材、色彩搭配、页面布局与文字4个方面介绍如何进行网店装修才能吸引买家眼球，提高转化率。

2.1　准备图片素材

在对网店进行装修之前，首先要准备大量的图片素材，包括商品图片和修饰页面的图片等。将这些图片素材准备好以后，才能通过图形图像处理软件对其进行组合和编辑，制作出吸引眼球的网店页面效果。由此可见，准备图片素材是网店装修工作的第一步。

▶ 2.1.1　拍摄商品图片

在网店装修之前，首先需要拍摄足够的商品图片。由于网上购物的特殊性，消费者无法接触到商品实物，所以商品的所有信息只能以图片的形式传达。然而，商品的某些物理特性无法被消费者感触到，如商品的质地、分量等，这就对商品图片提出了更高的要求。只有从不同的角度拍摄商品，力求展示出商品更多的细节，才能最终打动消费者。图 2-1 所示为从不同角度拍摄的商品细节图片。

在拍摄某些商品的过程中，为了让商品的色泽和质感更加接近人眼看到的效果，还需要布置简易的拍摄场景，让拍摄中的光线满足所需的要求，使图片中的商品清晰地展现出来。

图 2-1　从不同角度拍摄的商品细节图片

图 2-2 所示为拍摄银饰而制作的简易"影棚"，因为银饰本身比较小，使用两张 A4 白纸即可制作一个小型"影棚"。在制作时，需要将白纸折叠成立体的形状，形成一个小型的简易"影棚"。

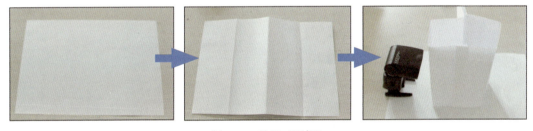

图 2-2　简易"影棚"

布置好拍摄场景之后，就可以将银饰放置在这个"影棚"中央，然后俯拍，如图 2-3 所示。最终拍摄出来的银饰图片效果如图 2-4 所示。

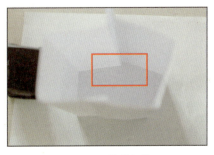

图 2-3　俯拍银饰

图 2-4　银饰图片

除了要自己布置拍摄场景拍摄商品的细节图片以外，大多数时候为了展示商品的实用特性，让买家更直观地感受商品的实物效果，卖家还需要拍摄模特使用或穿戴商品的图片。图2-5所示为手表网店卖家所拍摄的商品图片及手表试戴效果图片，其中手表试戴效果图片可以让买家更直观地感受到商品的适用性。

图2-5 商品图片及试戴效果图片

📢 2.1.2 收集修饰素材

在网店装修过程中，除了使用拍摄的商品图片以外，页面修饰素材的使用也是必不可少的，它们往往会让页面效果更加绚丽，呈现的视觉元素更加丰富。因此，在进行网店装修之前，要根据网店的设计风格及商品特点为网店装修准备所需的修饰素材。

是否添加图片修饰素材对商品的表现有很大的影响。例如，从图2-6和图2-7饰品添加和未添加光线素材的效果对比中可以看出，添加光线素材的图片视觉效果更为惊艳，更能表现出商品的材质与特点。

图2-6 添加光线素材　　　　　　　　图2-7 未添加光线素材

在商品图片上添加修饰素材是为了提升商品的品质，而大多数的网店装修中需要使用大量的修饰素材来让整个页面呈现出完整、统一和丰富的视觉效果。例如，文艺风格的网店会选用色彩清新、淡雅的植物素材作为修饰，而可爱风格的网店会选用外形可爱且色彩多变的卡通人物进行点缀，这些素材的添加会让网店页面的整体效果显得更加丰富、精致。

图2-8和图2-9最大的区别在于后者对使用的图片素材进行了修饰与美化，而前者只用了纯色的背景和文字，从视觉冲击力的角度来看，后者比前者更容易让人印象深刻。

图 2-8 纯色背景和文字

图 2-9 对图片素材进行修饰与美化

2.2 网店色彩搭配

在网店装修中，色彩是一种非常重要的视觉表达元素，它能烘托出各种各样的设计氛围，对人们的心理产生极大的影响。同时，色彩会影响买家对商品风格和形象的判断，只有掌握了色彩搭配的方法，卖家才能设计制作出吸引买家眼球的页面效果。

2.2.1 常见的配色方法

在网店装修中，常用的配色方法主要有同一色相配色、类似色相配色、相反色相配色、渐变效果配色和重色调配色。

1. 同一色相配色

同一色相配色以单一颜色为对象，调整其明度和彩度，使其呈现出不同的特色。这种配色在表现一种秩序井然的感觉时比较适用，可以传达出一种安静之美，如图 2-10 所示。

图 2-10 同一色相配色

2. 类似色相配色

类似色相配色将色相环上相连的颜色组合进行配色，或者将相连的颜色进行明度和彩度上的微调后进行配色，色相之间和谐、协调，适合表现温馨、甜美、浪漫的视觉效果，如图 2-11 所示。

3. 相反色相配色

相反色相配色使用色相环上相反方向的颜色进行配色，可给人一种强势和生动的感觉，因为色相之间差异较大，更容易营造出一种动态、华丽的视觉效果，如图 2-12 所示。

4. 渐变效果配色

渐变效果配色是将所选颜色的明度、彩度和色相等逐层给予适当的变化之后再组合起来的一种配色方案，通常用于表现一种和谐、自然的视觉效果，如图 2-13 所示。

图 2-11　类似色相配色

图 2-12　相反色相配色

5. 重色调配色

重色调配色是在相对单调的配色氛围中，通过使用对照色相与色调，从而起到强调效果的一种配色方式。这样的配色会打破平淡、枯燥的页面效果，更加引人关注，如图 2-14 所示。

图 2-13　渐变效果配色

图 2-14　重色调配色

2.2.2　色彩与网店营销

色彩对网店营销而言是一个极其重要的影响因素。虽然有些买家对网店首页及商品页面的色彩搭配并不是太在意，但是色彩通过买家的视觉，会对其的心理与思维产生重大的影响。图 2-15 中使用能够提起食欲的暖色进行搭配，给人一种暖意融融的感觉。

图 2-15　暖色搭配

在运营网店时，为了提高销售的业绩可以使用的有效策略很多，有时不用支付昂贵的广告费用，只要灵活地运用颜色营销方案就可以取得良好的效果。

相对于男性而言，女性往往有更大的网购决定权。另外，女性比男性对新潮的变化反应更为敏感。因此，网店配色方案要能够抓住女性的消费心理。

充满自信的女性对可以提升自身价值的事物颇具好感，所以色泽华丽的商品更能受到她们的青睐，像金、银等金属系列的颜色和给人以高档感的低彩度颜色都是很好的选择，如图 2-16 和图 2-17 所示。

图 2-16　金属系列颜色

图 2-17　低彩度颜色

追求温柔形象的女性更喜欢隐约且柔和的颜色，如高明度的轻色调系列，也就是清淡色调，如图 2-18 所示。

图 2-18　高明度的轻色调系列颜色

追求时尚张扬、都市风采的女性对色彩强烈的配色页面更容易产生兴趣。高明度、高彩度的暖色系列色相是比较有代表性的，同时采用灰白色进行搭配，可以凸显时尚的气息，如图 2-19 所示。

图 2-19　高明度、高彩度的暖色系列

▶ 2.2.3　不同色调的页面

页面给人的第一印象非常重要，买家首次看到商品展示页面的那一瞬间有什么样的心理感受，对其判断是否购买商品可能起到 50% 以上的决定作用。为了更好地体现商品的特征，给页面选择合适的颜色相当重要。

根据配色方案的不同，页面给人的感觉和氛围也有很多种。分析商品的特征，选择一种合适的颜色，能够将商品特征有效地传递给买家，这一点在商品页面的制作上至关重要。

1．浅色调页面

形象单纯的儿童用品、礼服等需要体现出清纯感觉的商品可以使用浅色调进行配色，让页面中的商品形象干净、整洁，如图 2-20 所示。

2．清新色调页面

表现文静、平和的商品可以使用清新的色调进行配色，高明度和高纯度的颜色可以增加页面的柔和感，营造出高档的氛围，如图 2-21 所示。

3．蓝色调页面

蓝色调散发着清爽、凉爽之感，适合表现夏季商品、电子商品、清洁用品等，并且蓝色调具有稳定感，容易让买家产生踏实、积极的感觉，如图 2-22 所示。

4．绿色调页面

绿色调适用于环保型的用品，利用绿色对画面进行配色，可以营造出一种干净、整洁的氛围，增强买家在商品使用安全性方面的信赖度，如图 2-23 所示。

图 2-20　浅色调页面　　图 2-21　清新色调页面　　　图 2-22　蓝色调页面　　　图 2-23　绿色调页面

2.3　不拘一格的页面布局

在网店运营中，为了提高销售业绩，卖家要制作美观大方、适合该商品的页面，将图片或者文字说明等组成要素合理地进行布局，使商品更加引人注目，以提高买家的购买率。其中，将商品页面的组成要素进行合理的排布就是网店装修中的页面布局。

2.3.1　页面布局的组成要素

在网店中销售商品与在实体店中销售商品有很大的区别。在网店中销售商品时，商品的各个方面无法面面俱到、一清二楚地传递给买家。因此，需要在首页和商品详情页这些限定的空间内尽可能多地将商品和活动的相关信息传递给买家。

网店装修的页面不一定要制作得非常华丽，但是要能引起买家的注意。为了把商品和活动信息最大限度、有效、正确地传达给买家，就需要进行合理的页面布局。在进行布局之前，要首先了解装修页面布局的组成要素，如图 2-24 所示。

图像：网店装修布局中的图像主要指商品图像、模特图像和用于修饰页面的形状、符号和插画等，这些图像本身包含着一定的信息，可对商品或辅助商品进行展示，并为页面营造一种特定的氛围

背景：为了有效地营造出与商品或活动主题相统一的页面氛围，可以对背景进行设计，使用图案、纯色和图像等元素的背景

留白：留白指布局好商品、文字与修饰元素之后，余下的空白部分。在布局中不注意留白，将页面填充得满满当当，会给人一种沉闷的感觉，造成视觉疲劳

文字：文字主要对商品信息进行说明，是页面布局要素中最核心的部分之一，其设计风格要与商品的风格保持一致。文字除了用于传递商品信息以外，还可以作为修饰元素放在页面中，以达到平衡布局的效果

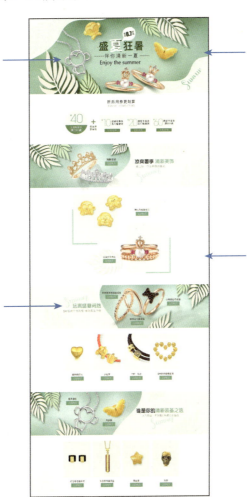

图 2-24　页面布局的组成要素

在对网店进行装修之前，无论是设计首页还是商品详情页，在把握整体页面布局时，首先要抓住比较大的一块确定下来，然后进行细节的设计，这样整体页面布局流程就会比较流畅，最后确定页面中各个组成要素的位置，将所要表达的信息更形象、更具真实感地传达出来。

➡ 2.3.2 常用的页面布局方式

买家在浏览商品页面时，通常会将图像视为一个整体图，然后才将视线定位到比较突出或显眼的位置，所以在排列商品图像或模特图像时，为了突出商品的特征，可以将一些希望突出的图像放大并布局于显眼的位置，这样效果会更加理想。下面介绍几种较为常用的商品页面的布局方式。

1．中间对齐的页面布局

图 2-25 所示为中间对齐的页面布局。这种布局方式具有可以吸引买家视线的优点，但是会显得整体页面比较狭窄。通常情况下，可以调整一些图像的尺寸，将留白部分的特色发挥出来，从而消除沉闷、狭窄的感觉，产生安静、稳定的感觉。

2．对角线排列的页面布局

图 2-26 所示为对角线排列的页面布局。这种布局方式适合表达自由奔放动态的感觉，并且会形成自然的 Z 字形视觉牵引效果，给人一种清爽、利落的感觉。当然，无论怎样的自由式布局，都要以指引线为准对图片和文字进行设计和布置。

图 2-25　中间对齐的页面布局　　　　图 2-26　对角线排列的页面布局

3．棋盘式的页面布局

图 2-27 所示为棋盘式的页面布局。这种布局将图像按照棋盘表面的方格样式进行布局，把众多的图像一次性地展示给买家。这种布局方式适合用于展示商品的各个细节部分，其优点就是将众多的图像集合为视觉上的一个整体，形成一种统一感，将买家的视线集中到一处。

4．左对齐的页面布局

图 2-28 所示为左对齐的页面布局。由于人们的视线一般是从左向右移动的，所以这种页面布局会吸引更多的视线，适合用在表现那些有顺序之分的内容上，如商品使用的说明顺序、商品的制作过程等。这些连贯性的主题采用左对齐模式的页面布局来表现，效果极佳。

5．对称型的页面布局

图 2-29 所示为对称型的页面布局。这种布局方式是指以画面的横向或纵向中心线为轴，将页面组成要素按照彼此相对的方式进行两侧布局。在页面布局中，即使两侧的组成要素不是按照完全相同的尺寸和排列方式来进行的，只要两侧的空间宽度和重量感相同，就可以体现出对称的布局效果。这种布局能够营造出一种文静、安定的整体氛围。

商品的图像和说明文字的排列、布局会影响到页面的整体氛围和感觉。为了更有效地进行页面布局，需要确定商品的特定用途和需要表现的氛围，并据此合理运用上述布局方式，让设计出来的页面给人带来视觉上的舒适感，并将商品的特点展现给买家。

图 2-27　棋盘式的页面布局

图 2-28　左对齐的页面布局

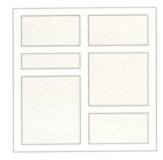

图 2-29　对称型的页面布局

2.4　准确、抢眼的文字

首页是一个网店的门面，商品详情页是网店的灵魂。无论是网店的首页，还是商品的详情页，都要包含文字信息。网店美工设计人员如果不明白商品优点及活动的精髓，那么制作出来的页面效果肯定是不理想的。

网店页面中究竟要包含哪些信息？这些信息又该如何编排？图片和模块该如何布局？这些问题直接影响着页面的转化率及用户体验。下面将介绍如何在网店装修中制作出准确、抢眼的文字。

2.4.1　网店页面段落文字的排列方式

在网店装修的文字编辑过程中经常会使用段落文字。段落文字的文本信息较多，其排列方式也是多种多样的。

1. 自由对齐

自由对齐就是让每段文字自由地组合在一起，没有固定的方向或位置，如图 2-30 所示。采用这种对齐方式排列的文字表现形式较为自由，给人以活泼、自然的感觉，能够表现出不拘一格的效果。

图 2-30　自由对齐

2. 左对齐

左对齐就是将每行文字的左侧边缘对齐，较为常用，如图 2-31 所示。左对齐排列通常能够呈现出一种整齐、利落的感觉，具有很强的协调感，并且只要合理地调整文字的大小，就可以轻松地制作出层次感。

图 2-31　左对齐

3. 居中对齐

居中对齐就是将每行文字的中间对齐到一个垂直线上，如图 2-32 所示。这种对齐方式可以将人的视线集中起来，减少周围元素对文字的影响，是段落文字编排中常用的一种对齐方式。

图 2-32　居中对齐

4. 右对齐

右对齐与左对齐的效果正好相反，它是将每行文字的右侧边缘对齐，如图 2-33 所示。这种对齐方式可以让人的视线集中到文字的右侧，并且利用每行文字的长短不一在左侧形成一定的波形，从而产生流动感。

图 2-33　右对齐

对段落文字进行编排是为了更好地归纳、区分页面中的各项文字内容，使页面更具条理性。在编排过程中，需要注意段落文字之间的间隔距离，让文字的组合符合页面的需求，创建出理想、有序的页面结构。

当页面中有多个段落组合在一起时，可以利用文字的色彩、字号等的差异将某些段落与其他文字信息区分开，形成鲜明的对比，这样有利于突出和强调页面中的重要信息，让买家优先注意到这些内容，从而增强内容的易读性，如图 2-34 所示。

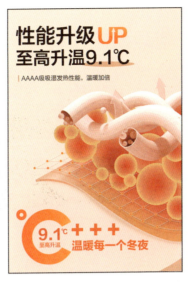

图 2-34　利用文字色彩、字号差异区分文字信息

2.4.2　打造具有高表现力的文字造型

在网店装修的过程中，为了让主题文字更富有艺术感和设计感，通常在设计时会使用一些简单的创意来对文字进行处理。文字的创意设计实际上就是以字体的结构为基础，通过丰富的联想，利用多种不同的创作手法，打造出具有高表现力的文字造型。

1. 连笔

连笔设计是指字体的前后笔画一笔紧连着一笔，呈现出紧密相连的状态，使同一个字或不同字的笔画之间流畅、自然地衔接起来。连笔讲究的是字体书写节奏的流畅，能使信息更为突出和鲜明。

连笔设计能够展现出笔画脉络与字体的整体形态，让笔画的特点片段得到补充和延伸。图 2-35 所示为某网店活动海报中的文字"北欧风情"使用连笔设计后的效果。

图 2-35　连笔设计效果

2. 省略

字体形态的省略设计需要对字体的基本结构有全面的掌握。在进行省略设计时要充分发挥联想，既要使字体呈现出独特的个性，又要使文字具有可读性，让字体形态易于区分。

图 2-36 所示为使用省略方式设计的文字效果，其中通过两条斜线将字体的另外一部分隐藏起来，有利于引起人们的联想，产生若隐若现的感觉。

图 2-36　省略效果

此外，省略方式的合理运用可使字体失去部分笔画，只利用显示的笔画来表现字体的形态，让文字具有独特的影像魅力，有助于增强文字的表现力，引起买家的注意。

3. 添加修饰元素

为了让文字的表现更加具象化，增强网店商品的传播力度，在设计某些文字的过程中，可以在不改变文字整体效果的情况下，在适当位置添加一些修饰元素。

在文字上添加修饰元素，如圆圈、加号等（见图 2-37），会给买家留下深刻的印象，从而体现出网店视觉形象的独特审美，给买家带来美好的视觉感受。

图 2-37　在文字上添加修饰元素

2.4.3 利用文字营造特定的氛围

在网店装修中，除了利用文字表达商品和活动信息之外，还可以利用文字营造一种特定的氛围。例如，在中秋节主题模块中使用带有月亮、云彩等元素的文字效果来表达团圆的意境，而在夏季活动模块中使用带有冰块、水流等元素的文字效果来表现冰爽的感觉。

网店的装修除了要符合网店风格以外，大部分情况下还要随着节气、节日而发生相应的改变。利用文字这一简单的元素，通过字体形状的变化、修饰元素的添加和色彩的巧妙搭配就可以营造出特定的氛围。

1. 喜庆

图 2-38 所示为春节主题的网店欢迎模块。其中添加了一些具有节日气息的素材，并使用与春节主题相吻合的大红色来营造节日的氛围。除此之外，在海报中还展示了网店活动的主要促销内容，让买家一目了然。

图 2-38　喜庆的氛围

2. 冰爽

图 2-39 所示为夏季主题的欢迎模块。其中使用蓝色调的背景与文字作为主要的表现对象，将冰块素材与文字组合在一起。冰块在人们的印象中是凉爽、寒冷的象征，在夏季使用蓝色和冰块来修饰文字会让人们联想到海洋、天空、水等，给买家带来冰爽的视觉感受。

图 2-39　冰爽的氛围

3. 天然

图 2-40 所示为端午节主题的欢迎模块。其中使用一些绿叶对文字进行修饰，营造出浓浓的端午节氛围。外形厚实的字体能够表现出宽厚、亲切的感觉，而画面中的绿色调与粽子的色彩相似，也与网店商品所倡导的天然、绿色的健康理念一致，能给买家带来一种清新、自然的感觉。

图 2-40　天然的氛围

4．可爱

图 2-41 所示为儿童节主题的欢迎模块。其中使用与儿童认知比较吻合的多种字体，通过稚拙的文字造型来表现儿童天真、可爱的一面，并使用丰富的修饰元素来进行装饰，让整个画面充满了灵性和美感。这样的设计手法让整个画面充满活泼、生动和快乐的气息，传递出浓浓的欢乐之情。

图 2-41　可爱的氛围

【课后练习】

1．在淘宝上搜索"博洋家纺旗舰店"网店，分析其装修配色方法。

2．试分析图 2-42 所示的商品详情页采用的是哪几种页面布局。

图 2-42　商品详情页

第3章
网店装修六大技能

→ **学习目标**

- 掌握对商品图片的尺寸、构图进行调整和对商品外形进行校正的方法。
- 能够根据网店装修的需要抠出商品图像并替换背景。
- 掌握去除水印、局部擦除、美化处理、调整模特身形、锐化图像的方法。
- 掌握调整图片亮度、校正图片白平衡、调整图片色调的方法与技巧。
- 能够制作具有创意感的标题文字，并对段落文字进行艺术化编排。

→ **素养目标**

- 在工作中弘扬工匠精神，增强责任意识。

　　由于拍摄环境、拍摄器材及摄影水平等条件的限制，网店装修准备阶段拍摄的商品图片往往是不能直接使用的，需要对图片的尺寸、构图、水印、色差、影调等进行调整和编辑。在完成这些基本操作后，还要根据实际的设计需要进行抠图、添加文字等操作。本章将讲解网店装修的六大技能：裁图、抠图、修图、调色、编辑与文字。

3.1 裁图——纠正商品图片角度

处理商品图片的第一步就是对图片的尺寸、构图和外形进行调整，让图片的文件大小、视觉中心和外形状态等符合网店装修的需要。下面将介绍如何调整图片大小，如何裁剪商品图片中多余的图像，以及如何对商品外形进行校正。

3.1.1 调整图片大小

视频
调整图片大小

网店平台通常会对商品图片的大小有一定的限制，这是为了让图片能够在网上快速地传输和显示，所以在拿到商品图片素材之后，大多数情况下都需要重新对商品图片的大小进行设置，使其符合网店平台的要求。

在 Photoshop 中，可以使用"图像大小"命令调整商品图片的大小。在 Photoshop 中打开一张商品图片（"素材文件 \ 第 3 章 \01.jpg"），单击"图像"|"图像大小"命令，在弹出的"图像大小"对话框中设置图像的宽度、高度和分辨率等参数，然后单击"确定"按钮，如图 3-1 所示。此时，商品图片的大小会发生明显改变。

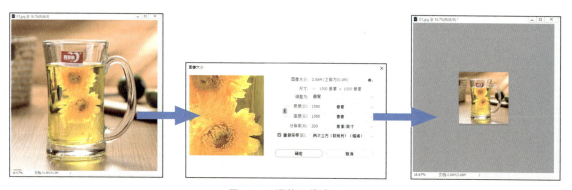

图 3-1　调整图像大小

通过"图像大小"对话框还可以了解到商品图片的更多信息，如图像大小、尺寸、分辨率等。单击"尺寸"选项右侧的下三角按钮，在弹出的下拉列表中可以选择所需的尺寸单位，以便按照设计需要更准确地调整图片大小，如图 3-2 所示。

图 3-2　选择尺寸单位

视频
裁剪商品图片
中多余的图像

3.1.2 裁剪商品图片中多余的图像

摄影师在拍摄商品时，为了将商品全部囊括到画面中，有时可能会忽略商品图片的构图，或者将不需要的对象也纳入其中，此时可以使用 Photoshop 中的裁剪工具或"裁剪"命令来快速裁剪图片中多余的图像，以达到重新构图的目的。

打开一张需要裁剪的商品图片（"素材文件 \ 第 3 章 \02.jpg"），选择工具箱中的裁剪工具，在图像窗口中可以看到图片周围出现了裁剪框，单击并拖动裁剪框的边线，即可调整裁剪框的大小。调整裁剪框，将其中一套餐具置于裁剪框的中心，并按【Enter】键确认裁剪操作，如图 3-3 所示，此时可以看到裁剪后的图像窗口中只留下了一套餐具。

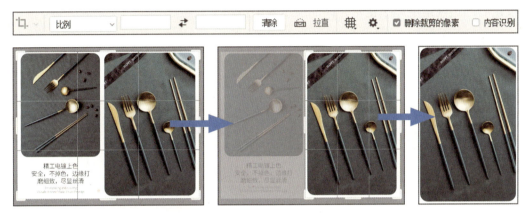

图 3-3　使用裁剪工具裁剪商品图片

在使用裁剪工具对商品图片进行裁剪时，可以采用多种方法对裁剪操作进行确认：一是直接按键盘上的【Enter】键；二是选择裁剪工具以外的其他工具；三是单击裁剪工具选项栏中的"提交当前裁剪操作"按钮✓。

除了使用裁剪工具外，还可以使用"裁剪"命令进行商品图片的裁剪操作。在使用"裁剪"命令进行裁剪操作之前，需要使用选区工具创建选区，Photoshop 会根据选区来定义裁剪的内容。

选择工具箱中的矩形选框工具，在图像窗口拖动鼠标指针创建选区将其框选出来，接着单击"图像"|"裁剪"命令，即可将选区以外的图像裁剪掉，如图 3-4 所示。

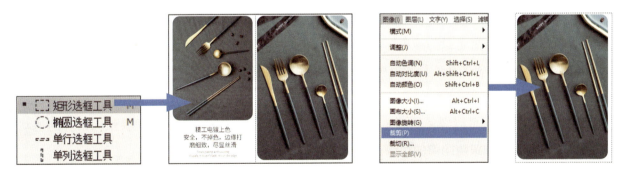

图 3-4　使用"裁剪"命令裁剪商品图片

3.1.3　对商品外形进行校正

在拍摄商品图片时，由于拍摄角度等存在问题，图片中的商品外形出现畸形，这会影响买家对商品外形的判断和理解，此时需要对商品的外形进行校正。在 Photoshop 中能够轻松地解决这个问题，使用透视裁剪工具可以校正商品外形的透视角度，还可以在裁剪图像的同时变换图像的透视方式，更加准确地校正商品图片的透视效果，让

视　频

对商品外形
进行校正

商品图片恢复正常的透视效果。

对于不是以平直视角拍摄的商品图片而言，商品外形经常会发生透视扭曲的情况。例如，以 90° 以下的角度拍摄商品，就会使图片中商品底部比顶部看起来宽一些，近似梯形，此时可以使用透视裁剪工具快速进行校正。

图 3-5 所示的图片中，俯拍的角度与商品过于接近，导致宝宝卫衣外观出现了梯形效果（"素材文件 \ 第 3 章 \03.jpg"），使领子等细节展示效果不佳。此时我们可以使用透视裁剪工具对其进行校正，可以看到校正后的透视角度趋于正常，商品展示效果也趋于理想。

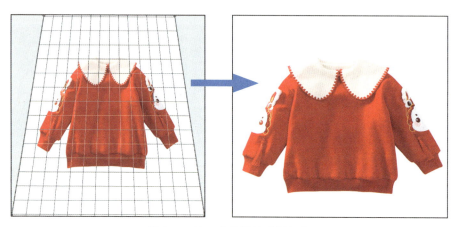

图 3-5　校正商品图片透视角度

3.2 抠图——选取商品替换背景

抠图在网店装修中是一项很常见的图像操作，就是将商品图像选中并从背景中分离出来，以便更加自由地进行图像合成与设计。抠图的方法有很多，每种方法的适用范围不同，抠图方法与商品图片背景的色彩和纯净度、商品的外形轮廓等都有关系。下面将介绍几种常用的抠图方法。

3.2.1 快速抠取单色背景图片

视　频

快速抠取单色
背景图片

在商品图片中，如果背景为纯色，且商品的颜色与背景的颜色差异很大，就可以使用 Photoshop 中的快速选择工具和魔棒工具将商品图像快速地抠取出来。

1. 快速选择工具

使用快速选择工具可以像使用画笔工具绘画一样快速绘制选区，选区会随着鼠标指针的拖动向外扩展，并自动查找和跟随图像的边缘。

打开一张纯色背景的帽子图片（"素材文件 \ 第 3 章 \04.jpg"），选择快速选择工具，在其选项栏中设置各项参数，接着在背景上单击并拖动鼠标指针，Photoshop 会根据鼠标指针拖动的范围自动创建选区，如图 3-6 所示。

继续拖动鼠标指针，将帽子图像全部添加到选区中。按【Ctrl+J】组合键，将选区中的帽子图像复制为新图层，即可完成抠图操作，如图 3-7 所示。

在使用快速选择工具时，若选中其选项栏中的"自动增强"复选框，则能够减少选区边缘的粗糙度和块效应，Photoshop 会自动将选区向图像边缘进一步流动并进行一些边缘调整。

图 3-6　选择快速选择工具

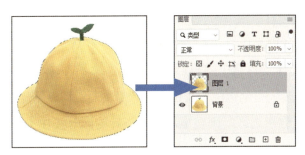

图 3-7　用快速选择工具抠图

2. 魔棒工具

　　魔棒工具用于选择图像中像素颜色相似的不规则区域，主要通过图像的色调、饱和度和亮度等信息来决定选取的图像范围。魔棒工具的选取操作比应用快速选择工具更加便捷，只需在要选取的位置单击即可创建选区。

　　打开一张商品图片（"素材文件\第 3 章\05.jpg"），可以看到其背景颜色相对单一。选择工具箱中的魔棒工具，在其选项栏中设置"容差"为 20，并单击"添加到选区"按钮，然后在背景上单击，即可选择与单击位置色彩相似的图像。继续使用该工具在背景上单击，就能将除了商品之外的其他图像选中，再进行反选即可将商品抠取出来，如图 3-8 所示。

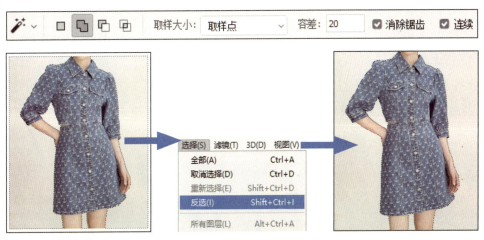

图 3-8　用魔棒工具抠图

　　在魔棒工具的选项栏中，"容差"选项会影响选取的范围，其参数取值范围为 0~255。如果输入的数值较小，那么单击后会选择与所单击像素非常相似的少数几种颜色；如果输入的数值较大，那么单击后会选择范围更广的颜色。

3.2.2 抠取规则的商品图片

对一些外形较为规则、轮廓较为清晰的商品，如外形轮廓为矩形或圆形的商品，可以使用 Photoshop 中的矩形选框工具和椭圆选框工具进行快速选取。使用这两个工具创建的选区边缘更加平滑，能够更加准确地抠取商品的边缘。

1. 用矩形选框工具抠取矩形商品

矩形选框工具主要是通过单击并拖动鼠标指针来创建矩形或正方形的选区。当商品的外形为矩形或正方形时，使用该工具可以快速地将商品框选出来。

在 Photoshop 中打开一张商品图片（"素材文件 \ 第 3 章 \06.jpg"），可以看到墙上相框的外形轮廓为标准的矩形，所以先选择工具箱中的矩形选框工具，然后在图像窗口中的适当位置单击并拖动鼠标指针绘制矩形选区，当选区完全包围相框图像后松开鼠标，即可创建矩形选区，将相框框选出来，如图 3-9 所示。若想创建正方形选区，则在拖动鼠标指针的同时按住【Shift】键不放。

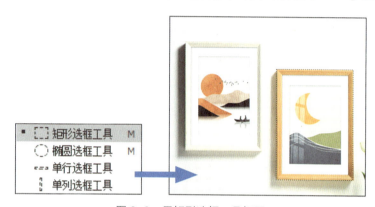

图 3-9　用矩形选框工具抠图

2. 用椭圆选框工具抠取圆形商品

椭圆选框工具的使用方法与矩形选框工具相同，都是通过单击并拖动鼠标指针来创建选区，不同的是椭圆选框工具创建的是椭圆或正圆形的选区。该工具同样可以在拖动鼠标指针的同时按住【Shift】键来创建正圆形选区。

打开一张外形为圆形的商品图片（"素材文件 \ 第 3 章 \07.jpg"），选择工具箱中的椭圆选框工具，在图像窗口中单击并拖动鼠标指针创建椭圆形选区，将图像框选出来，抠取图像后即可替换背景，如图 3-10 所示。

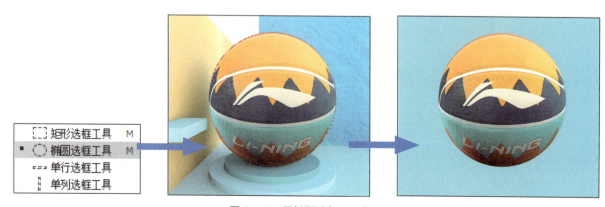

图 3-10　用椭圆选框工具抠图

3.2.3 抠取多边形对象

视频

抠取多边形
对象

有的商品外形并不是规则图形，此时矩形选框工具和椭圆选框工具就不适用了。如果商品的外形为多边形，并且有非常明显的棱角，使用多边形套索工具可以快速完成对商品图像的抠取。

在 Photoshop 中打开一张笔记本礼盒图片（"素材文件 \ 第 3 章 \08.jpg"），选择多边形套索工具，在礼盒边缘单击确定选区的起点，随后拖动鼠标指针至外形轮廓的转角位置，再次单击就会创建与起始位置相连接的线段；采用相同的方法多次单击创建多边形，当终点与起点重合时单击，即可创建闭合的多边形选区，此时即可抠取图像并替换背景，如图 3-11 所示。

图 3-11　用多边形套索工具抠图

3.2.4 抠取轮廓清晰的图片

视频

抠取轮廓清晰
的图片

对于一些边缘轮廓清晰色彩但不规则的商品来说，使用磁性套索工具更容易抠取，但商品与背景之间最好在色彩或明暗上存在较大的反差，否则抠取效果不会太理想。

磁性套索工具特别适合快速选择与背景对比强烈且边缘复杂的图像，在 Photoshop 中打开一张旅行箱图片（"素材文件 \ 第 3 章 \09.jpg"），选择磁性套索工具，在其选项栏中设置各项参数后，在图像窗口中需要抠取的旅行箱图像边缘单击确定起点，沿着旅行箱图像边缘拖动鼠标指针，Photoshop 将会根据鼠标指针拖动的轨迹自动创建带有锚点的路径，双击将起点与终点位置进行合并，Photoshop 将自动创建闭合的路径，即可完成抠取图像与替换背景，如图 3-12 所示。

图 3-12　用磁性套索工具抠图

在磁性套索工具选项栏中，部分选项的作用如下。

- **对比度：**用于设置套索检测图像边缘的灵敏度。该选项参数的取值范围为 1%~100%，较高的数值会使套索工具只检测与其周边对比鲜明的边缘，较低的数值会使套索工具检测对比度低的边缘。

- **频率**：用于设置以什么频率生成锚点。设置的数值越大，拖动鼠标指针时自动生成的锚点越多，图像的选取就越精确。

用户可以根据商品图片的色彩对比和明暗对比情况来对"对比度"和"频率"选项的参数进行设置。

3.2.5 精细抠取图像

前面介绍的4种抠图方法只能在对画质要求不高的情况下使用，因为有些方法抠取的商品图像边缘平滑度不够，甚至会产生一定的锯齿，如果需要制作较大画幅的活动海报，这些方法就不适用了。如果商品图像的边缘不规则但对抠图质量又有较高的要求，那么就可以使用钢笔工具抠取图像，钢笔工具不仅可以精细地抠取图像，而且能让合成的画面更加精致。

钢笔工具通过在图像的边缘绘制矢量路径来完成抠图操作，所以在学习使用钢笔工具抠图之前需要先认识路径的组成。

路径由一条或多条直线线段或曲线线段组成，每条线段的起点和终点由锚点标记。路径可以是闭合的，也可以是开放的，并且具有不同的端点。通过拖动路径的锚点、方向点或线段，可以改变路径的形状。

认识路径之后，就可以使用钢笔工具进行抠图操作了。使用钢笔工具抠图要养成放大图片的习惯，放得越大，抠取的边缘越细致。

打开一张伸缩杯图片（"素材文件\第3章\10.jpg"），放大图片至合适的比例，选择钢笔工具，在要开始抠图的地方单击，就会出现一个路径锚点。沿着伸缩杯的边缘再次单击生成第二个锚点，不要松开鼠标，拖动一下就会出现一对控制杆，这时会发现两个锚点之间的线段变成了曲线，按住【Alt】键可以用鼠标指针对锚点的控制杆进行调整，以改变曲线线段的弯曲弧度。采用相同的方法继续进行绘制，即可得到紧密贴合伸缩杯边缘的闭合路径，如图3-13所示。

图3-13　用钢笔工具抠图

在创建的路径上单击鼠标右键，在弹出的快捷菜单中选择"建立选区"命令，弹出"建立选区"对话框，根据需要设置各项参数，然后单击"确定"按钮，此时在图像窗口中即可看到伸缩杯被框选到选区中，此时即可完成抠取图像，如图3-14所示。

钢笔工具选项栏中提供了"形状""路径""像素"3种编辑模式，这3种模式所创建的对象是不同的。在使用钢笔工具进行抠图时，通常使用"路径"模式来进行操作。

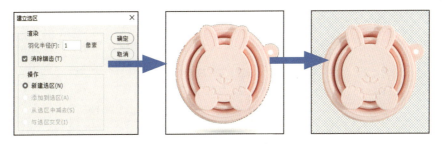

图 3-14　将路径转化为选区

3.2.6　抠取复杂或半透明图像

视　频

抠取复杂或
半透明图像

在网店装修过程中，还会遇到一些抠取起来比较麻烦的图像，如模特杂乱的发丝、半透明的玻璃等。这些图像的抠取就不能依靠单一的工具，还要用一些特殊的命令或面板进行一些较为复杂的操作才能完成。下面将介绍如何使用"通道"面板和"色彩范围"命令抠取这类图像。

1.用"通道"面板抠取复杂图像

对一些轮廓较为复杂的图像，可以通过复制通道的方式进行精细抠图。先在"通道"面板中复制对比度较为强烈的颜色通道，然后使用画笔工具对通道中的图像进行编辑，接着将通道中的图像创建为选区，并对选区中的图像进行复制，即可完成抠图操作。

下面以抠取服装模特复杂的发丝为例进行介绍，具体操作方法如下。

步骤 01　在 Photoshop CC 2020 中打开服装模特图片（"素材文件 \ 第 3 章 \11.jpg"），打开"通道"面板，观察各通道中的图像，如图 3-15 所示。

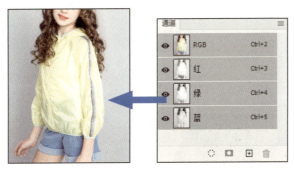

图 3-15　观察各通道中的图像

步骤 02　经过对比，发现"绿"通道中的图像对比度比较强烈。用鼠标右键单击"绿"通道，在弹出的快捷菜单中选择"复制通道"命令，在弹出的对话框中直接单击"确定"按钮，得到"绿 拷贝"通道，如图 3-16 所示。

图 3-16　复制通道

步骤 03 选中"绿 拷贝"通道，单击"图像"|"调整"|"色阶"命令，在弹出的"色阶"对话框中设置"绿 拷贝"通道下的色阶值分别为 0、0.7、255，然后单击"确定"按钮，如图 3-17 所示。

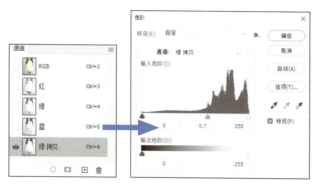

图 3-17 调整色阶值

步骤 04 选中"绿 拷贝"通道，选择工具箱中的画笔工具，设置前景色为黑色，并在模特身上进行涂抹，将其涂抹成黑色，如图 3-18 所示。

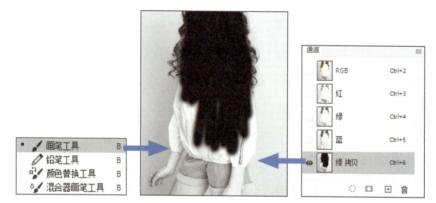

图 3-18 涂抹颜色

步骤 05 在编辑"绿 拷贝"通道的过程中，可以不涂抹头发边缘位置，只对其他位置进行涂抹，在图像窗口中可以看到涂抹效果，如图 3-19 所示。

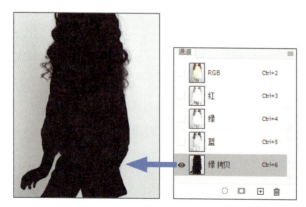

图 3-19 涂抹效果

步骤 06 选中"绿 拷贝"通道，单击"图像"|"调整"|"反相"命令，然后单击"图像"|"自动对比度"命令，在图像窗口中可以看到模特图像显示为白色，如图 3-20 所示。

步骤 07 单击"通道"面板底部的"将通道作为选区载入"按钮，再单击"RGB"通道显示彩色图像，按【Ctrl+J】组合键复制选区中的图像至新图层中，如图 3-21 所示。

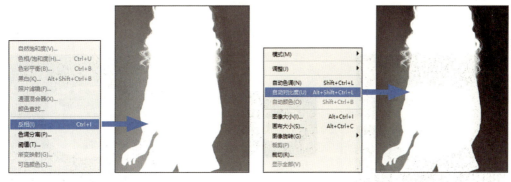

图 3-20 使模特图像显示为白色

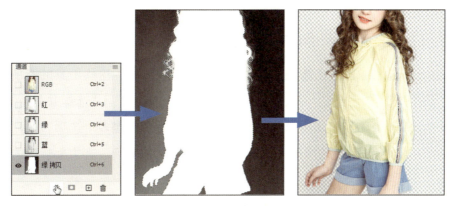

图 3-21 复制图像至新图层中

步骤 08 完成模特图像的抠取后，添加新的背景颜色进行画面合成。画面合成后可以看到模特的头发非常自然，如图 3-22 所示。

图 3-22 画面合成

2. 用"色彩范围"命令抠取半透明图像

对一些半透明的商品图像，使用"色彩范围"命令可以快速地将其抠取出来。在 Photoshop 中打开琉璃茶杯图片（"素材文件 \ 第 3 章 \12.jpg"），单击"选择" | "色彩范围"命令，在弹出的"色彩范围"对话框中设置各项参数，然后单击"确定"按钮，即可创建选区。在"图层"面板下方单击"添加图层蒙版"按钮 ▢ ，对创建的选区添加图层蒙版，使用白色画笔工具在蒙版上进行涂抹，即可将半透明部分图像抠取出来，如图 3-23 所示。

"色彩范围"对话框中有一个预览区，用于预览对图像中的颜色进行取样后得到的选区。默认情况下，白色区域是选定的像素，黑色区域是未选定的像素，灰色区域是部分选定的像素。

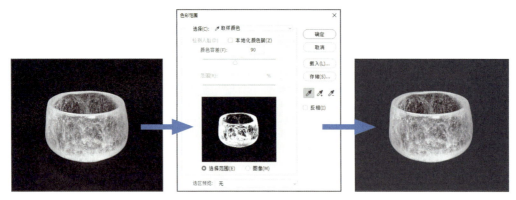

图 3-23　抠取半透明图像

3.2.7　调整抠取的商品图像边缘

视　频

调整抠取的
商品图像边缘

在使用 Photoshop 选区工具创建选区并抠取商品图像的过程中，这些工具的选项栏中都有一个"选择并遮住"按钮。单击该按钮，或者单击"选择"|"选择并遮住"命令，即可打开"选择并遮住"工作区，如图 3-24 所示。其中包含多个选项，可以对选区边缘的羽化、对比度等参数进行调整，让创建的选区更加准确。其主要选项的作用如下。

图 3-24　"选择并遮住"工作区

- **半径**：用于控制选区边缘的大小。
- **智能半径**：用于自动调整边缘区域中硬边缘和柔化边缘的半径。
- **平滑**：用于减少选区边缘中的不规则区域，以创建较为平滑的边缘轮廓。
- **羽化**：用于模糊选区与周围像素之间的过渡效果。
- **对比度**：当增大对比度时，选区轮廓的柔和边缘的过渡会变得不连贯，通常情况下，使用"智能半径"选项和调整工具效果会更好。
- **移动边缘**：为负值时，向内移动柔化选区的边缘，有助于从选区边缘中移除不想要的背景颜色；为正值时，向外移动柔化选区的边缘。

打开一张已经使用图层蒙版进行抠图的商品图片，在"图层"面板中单击图层蒙版缩略图，然

后单击"选择"|"选择并遮住"命令，在打开的"选择并遮住"工作区的"属性"面板中对各项参数进行设置，然后单击"确定"按钮，可以发现这时抠取的商品图像效果更加理想，如图 3-25 所示。

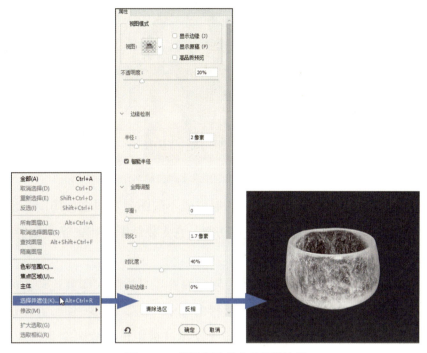

图 3-25　调整抠取的商品图像边缘

3.3　修图——完美展现商品细节

对商品图片进行裁剪和重新构图后，为了让图片效果更加精美，还要经过修图这一重要环节来清除图片中的瑕疵、水印等。如果是衣帽、饰品等出现模特形象的商品图片，还需要对模特进行美化处理，最后通过锐化突出细节，才能获得满意的图像效果。下面将介绍如何进行修图，以完美地展现商品的细节。

3.3.1　去除多余的水印

在拍摄商品图片时，因为相机的设置问题，商品图片中出现拍摄日期，或者某些借用的图片或修饰素材上有标明出处的标志或文字。这些影响商品表现效果的多余元素都可以称为水印。如果商品图片中包含水印，就会大大降低商品的表现力，给买家留下网店不够专业的印象，甚至会让买家产生盗图的误解，以致影响商品的销售。

视频
去除多余的水印

下面将介绍 3 种去除商品图片水印的方法。

1．使用仿制图章工具去除水印

使用仿制图章工具去除水印是比较常用的方法。打开"素材文件 \ 第 3 章 \13.jpg"，选择仿制图章工具，按住【Alt】键的同时在无水印区域单击相似的色彩或图案进行采样，然后在水印区域拖动鼠标指针仿制出采样图像以覆盖水印，如图 3-26 所示。需要注意的是，采样点即为仿制的起始点，笔刷的直径会影响仿制的范围，笔刷的硬度会影响仿制区域的边缘融合效果。

图 3-26　使用仿制图章工具去除水印

使用仿制图章工具可以在同一图像的同一图层中或不同图层之间进行仿制，也可以在当前打开的且具有相同颜色模式的多个图像文件之间进行仿制，它对复制图像或去除图像中的缺陷很有用。

2. 使用修补工具去除水印

如果商品图片的背景颜色或图案比较一致，使用修补工具去除水印就比较方便。打开"素材文件\第3章\14.jpg"，选择修补工具，在工具选项栏中选中"源"单选按钮，并取消选中"透明"复选框，然后使用修补工具框选水印文字，拖动到无文字区域中色彩或图案相似的位置后松开鼠标，即可完成去除水印操作，如图 3-27 所示。修补工具具有自动匹配颜色的功能，其复制效果与周围的色彩融合得较好，这是仿制图章工具所不具备的。

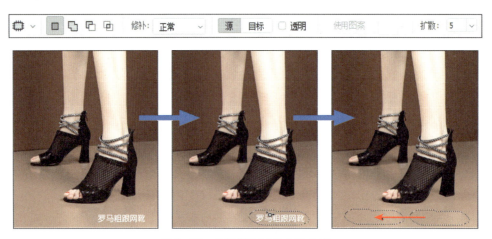

图 3-27　使用修补工具去除水印

修补工具会将样本像素的纹理、光照和阴影与源像素进行匹配。在实际操作过程中，我们要有一定的耐心，如果待修补区域较大，就可以将其分解成一个个较小的区域分别进行选择和修补，以获得最佳的修补效果。

3. 使用修复画笔工具去除水印

使用修复画笔工具去除水印的方法与使用仿制图章工具相似，打开"素材文件\第3章\15.jpg"，选择修复画笔工具，按住【Alt】键的同时在无水印区域单击相似的色彩或图案进行采样，然后在水印区域拖动鼠标指针复制采样图像以覆盖水印，如图 3-28 所示。修复画笔工具与修补工具一样，也具有自动匹配颜色的功能。

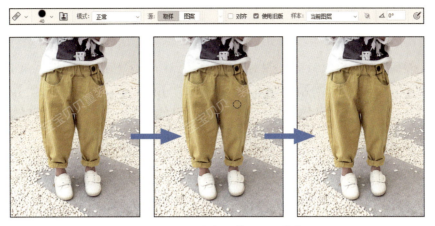

图 3-28　使用修复画笔工具去除水印

3.3.2 局部去除多余内容

视频
局部去除多余
内容

在网店装修的过程中，有时不需要商品广告中的某些内容或者想使商品图片的背景更加纯粹，这时可以通过局部去除的方法清除多余的内容（主要使用的是画笔工具）。

打开一张运动鞋广告图片（"素材文件 \ 第 3 章 \16.jpg"），可将其中的 Logo、价格、促销等内容去除，方法如下：选择画笔工具，将鼠标指针移至图片背景位置，按住【Alt】键的同时单击，将取样颜色作为前景色，再使用画笔工具在要去除的内容上进行涂抹，用提取的前景色将其覆盖。重复上述操作，直到把图片中多余的内容全部覆盖，只保留商品图像，如图 3-29 所示。

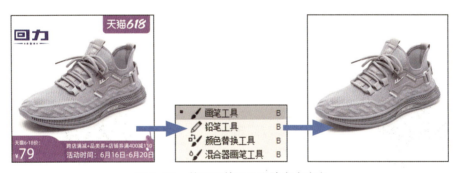

图 3-29　使用画笔工具去除多余内容

这种局部去除多余内容的方式适用于图片中背景颜色不太复杂的情况。有时为了让色彩覆盖的效果更加自然、完美，还需在画笔工具选项栏中对"不透明度"和"流量"选项进行相应的设置。

3.3.3 对模特进行美化处理

视频
对模特进行
美化处理

在拍摄饰品、帽子和服装等商品图片时，往往会采用模特穿戴商品的方式，大部分情况下模特的面部会出现在画面中。如果模特的妆面存在瑕疵，就会影响商品的表现，此时有必要对模特进行"妆面美容"，其中包括祛斑、磨皮、加深妆容色彩等。

1. 祛斑

通过污点修复画笔工具可以快速移除图片中的污点和其他不理想的部分，它使用图像或图案中的样本像素进行绘画，并将样本像素的纹理、光照、透明度和阴影与要修复的像素相匹配。该工具不要求指定样本点，会自动从要修饰区域的周围取样。使用污点修复画笔工具对小面积的瑕疵进行修复，效果非常理想，而且效率很高。

打开一张女装商品图片（"素材文件 \ 第 3 章 \17.jpg"），将图像放大显示后可以看到模特的面部有细小的斑点。为了让模特的妆面更加完美，可以直接使用污点修复画笔工具在斑点位置进行涂抹，松开鼠标后，Photoshop 会自动对斑点进行清除。完成修复操作后，模特的皮肤变得很干净，如图 3-30 所示。

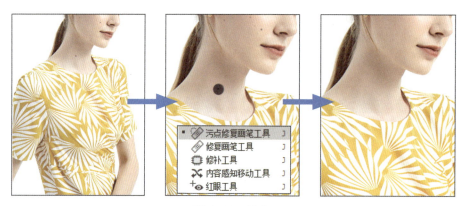

图 3-30　祛斑

2．磨皮

拍摄一些近距离特写的商品图片，如模特佩戴首饰、眼镜等的图片，模特的皮肤展露无遗，任何瑕疵都会表现出来，仅使用污点修复画笔工具进行处理的话难以获得理想的效果。此时需要进行磨皮处理，让模特的皮肤显得光滑、细腻。

打开一张商品模特图片（"素材文件 \ 第 3 章 \18.jpg"），该图片主要表现的是手镯，但是模特的手部皮肤状况不佳，需要通过磨皮处理进行修复。按【Ctrl+J】组合键复制"背景"图层，得到"图层 1"。单击"滤镜"|"模糊"|"表面模糊"命令，在弹出的"表面模糊"对话框中设置各项参数，然后单击"确定"按钮，如图 3-31 所示。

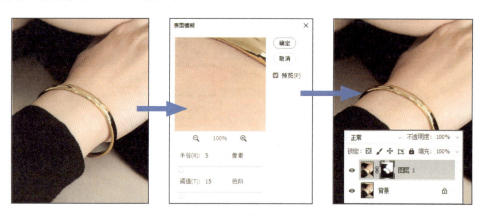

图 3-31　磨皮

按住【Alt】键的同时，在"图层"面板下方单击"添加图层蒙版"按钮 ▢，为"图层 1"添加黑色的图层蒙版，再使用白色的画笔工具编辑蒙版，即在模特的手部皮肤位置进行涂抹，使磨皮效果只作用于手部皮肤。涂抹完成后，模特的手部皮肤变得光滑、细腻，肤色也更加均匀。

"表面模糊"滤镜在保留边缘的同时模糊图像，用于创建特殊效果并消除杂色或粒度。其对话框中的"半径"选项用于指定模糊取样区域的大小，"阈值"选项用于控制相邻像素色调值与中心像素相差多大时才能成为模糊的一部分。

在使用"表面模糊"滤镜进行磨皮处理时，可以先在"表面模糊"对话框中设置较小的参数进行尝试，再根据预览效果逐渐调大参数。在编辑图层蒙版时，要随时调整画笔工具的笔触大小，以便更准确地涂抹不同面积大小的皮肤。除了"表面模糊"滤镜外，使用"高斯模糊"滤镜也可以实现同样的磨皮效果。

3．加深妆容色彩

如果想让模特的妆容更艳丽，可以使用"色相 / 饱和度"调整图层。打开一张模特图片（"素材文件 \ 第 3 章 \19.jpg"），单击"调整"面板中的"色相 / 饱和度"按钮 创建调整图层，在"属性"面板中调整各项参数，如图 3-32 所示。

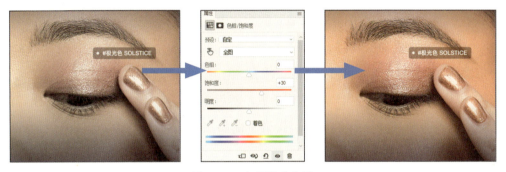

图 3-32　加深妆容色彩

3.3.4　调整模特身形

视频
调整模特身形

对于服装类商品图片来说，通过模特进行展示能够让买家产生代入感，可以对商品销售起到很好的促进作用。但是，有时模特自身条件、拍摄角度等不佳，会导致展示效果不够理想，这时就需要对模特的身形进行调整，最常见的就是瘦身处理。下面将介绍如何在 Photoshop 中使用"液化"滤镜进行瘦身。

"液化"滤镜用于推拉、旋转、反射、折叠和膨胀图像的任意区域，所产生的变形可以是细微的，也可以是剧烈的，这使其成为修饰图像和创建艺术效果的强大工具，也成为调整模特身形的利器。

打开一张需要做瘦身处理的服装模特图片（"素材文件 \ 第 3 章 \20.jpg"），单击"滤镜"|"液化"命令，弹出"液化"对话框，在左侧工具箱中选择冻结蒙版工具，在不需要变形的位置进行涂抹（涂抹的位置显示为红色）。再选择向前变形工具，通过单击并拖动鼠标指针的方式调整腰部的线条，如图 3-33 所示。

图 3-33　用"液化"滤镜进行瘦身

⬛▶ 3.3.5 对商品图像进行锐化处理

在网店装修中，商品图像的清晰度是最基本、最重要的一个问题。如果商品图像不清晰，那么买家就无法深入了解商品的细节。特别是需要对商品进行局部展示时，图像的清晰度直接关系到展示的效果。

为了让商品的细节更加清晰，需要在 Photoshop 中对商品图像进行锐化处理。锐化处理方法有两种：一是使用"USM 锐化"滤镜进行快速锐化；二是使用"高反差保留"滤镜进行无杂色锐化。

1. 用"USM 锐化"滤镜快速锐化商品图像

"USM 锐化"滤镜可以调整图像边缘细节的对比度，并在图像边缘的每侧生成一条亮线和一条暗线，使图像整体看上去更加清晰。

打开一张图片（"素材文件 \ 第 3 章 \21.jpg"），单击"滤镜"|"锐化"|"USM 锐化"命令，在弹出的"USM 锐化"对话框中适当调整各项参数，然后单击"确定"按钮。可以看出，锐化后的图像更加清晰，而且凸显了相机表面的材质，提升了商品图像的品质，可以让买家更加准确地了解商品的外观和材质，如图 3-34 所示。

图 3-34　用"USM 锐化"滤镜快速锐化商品图像

2. 用"高反差保留"滤镜无杂色锐化商品图像

"高反差保留"滤镜可以在有强烈颜色转变发生的地方按指定的半径保留边缘细节，并且不显示图像的其余部分，也就是将图像中颜色、明暗反差较大的两部分的交界处保留下来，如商品图像的轮廓线及模特面部、服装等有明显线条的地方会被保留，而其他大面积无明显明暗变化的地方则生成中灰色，这样图像看上去会更清晰。

对商品图像应用"高反差保留"滤镜，结合"图层"面板中的"线性光"图层混合模式就能对商品图像的细节进行无杂色锐化，避免由于锐化过度而产生影响画质的多余杂色。

打开一张玫瑰花束图片（"素材文件 \ 第 3 章 \22.jpg"），首先按【Ctrl+J】组合键复制需要锐化的图层，然后选择复制的图层，单击"滤镜"|"其他"|"高反差保留"命令，在弹出的"高反差保留"对话框中适当调整各项参数，单击"确定"按钮。在"图层"面板中设置图层混合模式为"线性光"，在图像窗口中可以看到处理后的花束图像细节更加清晰，如图 3-35 所示。

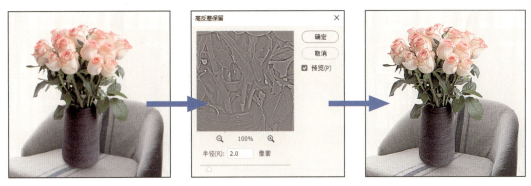

图 3-35　用"高反差保留"滤镜无杂色锐化商品图像

3.4　调色——校正有色差的商品图片

在拍摄商品图片时，受环境光线不理想、数码相机的曝光或白平衡等参数设置不当等因素的影响，拍出的商品图片可能会出现影调不理想或存在偏色等情况，这时就需要对其进行后期的调色处理。

3.4.1　调整图片的亮度

在商品图片的后期处理中，要先观察图片的整体明暗效果，对曝光不准确的图片，首先应对全图的明暗进行调整，通过提高亮度和增强暗调让图片的曝光趋于正常。在 Photoshop 中可以通过"曝光度""色阶""曲线"等命令调整商品图片的亮度，让其快速恢复正常。

1. 用"曝光度"命令进行二次曝光处理

Photoshop 中的"曝光度"命令是用于控制图片明暗的有力工具，它的工作原理是模拟数码相机内部的曝光程序对图片进行二次曝光处理，一般用于调整图片的曝光不足或曝光过度。

打开一张商品图片（"素材文件 \ 第 3 章 \23.jpg"），单击"图像"|"调整"|"曝光度"命令，在弹出的"曝光度"对话框中设置"曝光度""位移""灰度系数校正"等参数，然后单击"确定"按钮，即可看到原本有些暗淡的商品图片变得明亮起来，如图 3-36 所示。

图 3-36　调整曝光度

通过"曝光度"对话框中的"预设"选项可以快速调整图片的曝光度，其下拉列表中包含了常用的预设调整效果，如图 3-37 所示。但是，"预设"的调整只针对"曝光度"一个参数，不会对"位移"和"灰度系数校正"参数产生影响。

图 3-37　"曝光度"对话框中的"预设"选项

2. 用"色阶"命令调整商品图片的曝光与层次

在 Photoshop 中打开商品图片后，单击"图像"|"调整"|"色阶"命令，在弹出的"色阶"对话框中可以看到直方图，改变直方图的形状即可改变图片中像素的分布，从而改变商品图片的曝光和层次。

打开一张曝光及层次不理想的商品图片（"素材文件 \ 第 3 章 \24.jpg"），单击"图像"|"调整"|"色阶"命令，弹出"色阶"对话框，在"输入色阶"选项区中对色阶值进行调整：可以拖动直方图下方的黑、白、灰 3 个滑块，直到商品图片恢复正常的曝光效果、层次更加清晰，也可以直接在滑块下方的文本框中输入数值，如图 3-38 所示。

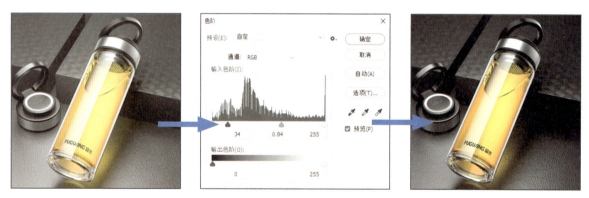

图 3-38　用"色阶"命令调整商品图片的曝光与层次

3. 用"曲线"命令调整不同明暗区域的亮度

"曲线"命令和"色阶"命令一样，都是用来调整图像整体明暗的；不同的是"色阶"命令只能调整亮部、暗部和中间灰度的明暗，而"曲线"命令是应用不同的曲线形状来控制图像的明暗对比效果的，它可以通过控制曲线中任意一点的位置，在较小的范围内调整图像的明暗，如高光、1/4 色调、中间调、3/4 色调或暗部。

打开一张曝光不足的女装商品图片（"素材文件 \ 第 3 章 \25.jpg"），单击"图像"|"调整"|"曲线"命令，在弹出的"曲线"对话框中可以通过拖动鼠标指针来调整曲线的形状。由于原图片画面偏暗，因此单击曲线中间调上的控制点并向上拖动，使画面整体变亮，恢复正常的曝光效果，如图 3-39 所示。

此外，利用"曲线"对话框中的"预设"选项可以快速调整图片的影调。选择"预设"选项后，曲线的形状也会发生相应的变化。

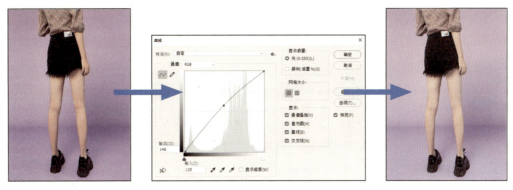

图 3-39　用"曲线"命令调整图片影调

3.4.2 校正商品图片的白平衡

　　环境光线的影响或相机参数设置不当都会导致拍摄的色彩与人眼看到的色彩不同，它会给买家带来视觉上的误差，甚至引起不必要的误会。因此，在后期处理中必须对商品图片进行色彩校正，让商品图片恢复真实色彩。使用 Photoshop 中的"色彩平衡"命令可以校正图片的白平衡，让商品图片的色彩更加真实、自然。

　　使用"色彩平衡"命令能够单独对商品图片的高光、中间调或阴影部分进行调整，通过添加过渡色调的相反色来平衡画面的色彩。

　　打开一张偏色图片（"素材文件 \ 第 3 章 \26.jpg"），单击"图像"|"调整"|"色彩平衡"命令，在弹出的"色彩平衡"对话框中进行参数设置，然后单击"确定"按钮，如图 3-40 所示。由于原图偏黄，所以需要增强冷色调。在"色彩平衡"选项区中拖动 3 个色条上的滑块（或者直接在"色阶"文本框中输入数值），直到商品图片的色彩接近人眼看到的商品实物效果为止。

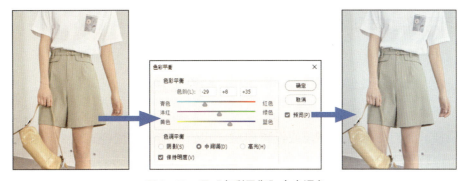

图 3-40　用"色彩平衡"命令调色

　　根据"色彩平衡"命令的工作原理，可以为商品图片应用暖色调或冷色调，即利用颜色的互补原理平衡图片的色调。在"色彩平衡"对话框的"色彩平衡"选项区中，每个滑块的两端各自对应着一个暖色和一个冷色，向某个颜色的方向拖动滑块，就可以提高画面中对应颜色的比例。例如，要增强画面中的蓝色，就可以将滑块向蓝色方向拖动。

3.4.3 调整商品图片的色调

　　在商品图片的后期处理中，为了凸显网店的风格，可以适当调整图片的色调，让其色彩表现更独特、更符合商品特质。例如，可以为复古风格的商品图片添加淡淡的怀旧色调，为小清新风格的商品图片添加偏黄的色调。

在 Photoshop 中可以使用"照片滤镜"命令模拟相机镜头上安装彩色滤镜的拍摄效果，消除色偏或对图片应用指定的色调。

打开一张正常色调的复古耳环图片（"素材文件 \ 第 3 章 \27.jpg"），可以看到图片中的色调过于平淡，不能营造出特定的氛围。单击"图像"|"调整"|"照片滤镜"命令，在弹出的"照片滤镜"对话框的"滤镜"下拉列表框中选择"深褐"选项，并设置"密度"为 80%，然后单击"确定"按钮，可以看到画面呈现出复古色调，与商品的造型更加匹配，如图 3-41 所示。

图 3-41 用"照片滤镜"命令调整图片色调

3.5 编辑——美化与修饰商品图像

在对图片进行了基本的处理之后，还需要利用图层样式增强特效感、利用图层混合模式制作特殊效果、利用蒙版控制图像显示效果、制作 GIF 动态闪图等。下面将对这些操作进行详细介绍。

3.5.1 利用图层样式增强特效感

Photoshop 提供了各种图层样式，如阴影、发光和斜面等，用来更改图层内容的外观。图层样式与图层内容相链接，当移动或编辑图层内容时，修改的内容中会应用相同的样式。例如，对文本图层应用投影并添加新的文本，就会自动为新文本添加阴影。

通过"图层样式"对话框可以创建或设置图层样式，添加的图层样式会出现在图层的下方。双击样式名称，可以打开"图层样式"对话框，如图 3-42 所示，以便查看或编辑样式的设置。应用图层样式的效果如图 3-43 所示。

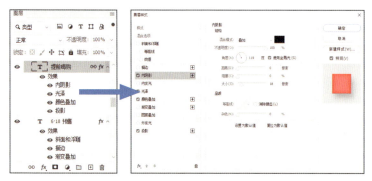

图 3-42 打开"图层样式"对话框

图 3-43 应用图层样式的效果

在"图层样式"对话框中可以编辑应用于图层的样式，或者创建新样式，为同一个图层应用一个或多个图层样式。

- **斜面和浮雕**：对图层添加高光与阴影的各种组合。
- **描边**：用颜色、渐变或图案在图层上描画图像的轮廓，对硬边形状或文字特别有用。
- **内阴影**：紧靠图层内容的边缘添加阴影，使其产生凹陷效果。
- **内发光、外发光**：为图层内容的内边缘或外边缘添加发光效果。
- **光泽**：应用创建光滑光泽的内部阴影。
- **颜色叠加、渐变叠加和图案叠加**：使用颜色、渐变和图案填充图层内容。
- **投影**：在图层内容的后面添加阴影。

如果图层中包含有图层样式，那么"图层"面板中的图层名称右侧将显示 *fx* 图标。若要隐藏或显示图像中的所有图层样式，则可通过单击"效果"前面的眼睛图标 ● 进行控制，如图 3-44 所示。

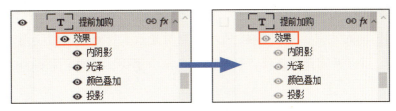

图 3-44　控制图层样式的显示

复制和粘贴图层样式是对多个图层应用相同效果的便捷方法：用鼠标右键单击某个图层，选择"拷贝图层样式"命令，再从"图层"面板中选择目标图层并用鼠标右键单击，选择"粘贴图层样式"命令，即可用粘贴的图层样式替换目标图层上的原有图层样式，如图 3-45、图 3-46 所示。

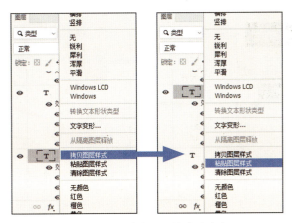 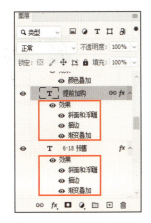

图 3-45　替换图层样式的命令　　　　图 3-46　替换图层样式

▶ 3.5.2 利用图层混合模式制作特殊效果

通过调整图层混合模式可以对图像的颜色进行相加或相减，从而制作出特殊效果。Photoshop 中包含了多种类型的图层混合模式，包括组合型混合模式、加深型混合模式、减淡型混合模式、对比型混合模式、比较型混合模式和色彩型混合模式。根据不同的视觉需要，可以应用不同的混合模式。单击"图层"面板中图层混合模式下拉列表框右侧的 按钮，就会弹出图层混合模式菜单，如图 3-47

所示。

- **组合型混合模式**：包含"正常"和"溶解"，默认情况下图层的混合模式都为"正常"。
- **加深型混合模式**：包含"变暗""正片叠底""颜色加深""线性加深"和"深色"，可以将当前图像与底层图像进行加深混合，将底层图像变暗。
- **减淡型混合模式**：包含"变亮""滤色""颜色减淡""线性减淡（添加）"和"浅色"，可以使当前图像中的黑色消失。
- **对比型混合模式**：包含"叠加""柔光""强光""亮光""线性光""点光"和"实色混合"，可以让图层混合后的图像产生更强烈的对比性效果，使图像暗部变得更暗、亮部变得更亮。
- **比较型混合模式**：包括"差值""排除""减去"和"划分"，可以通过比较当前图像与底层图像将相同的区域显示为黑色、不同的区域显示为灰度或彩色。
- **色彩型混合模式**：包括"色相""饱和度""颜色"和"明度"，通过将色彩三要素中的一种或两种应用到图像中混合图层色彩。

添加光效素材后的画面效果，如图 3-48 所示。当对光效素材所在图层应用"线性减淡（添加）"混合模式进行设置后，可以看到光效素材背景中的黑色部分消失，得到了完美的融合效果，如图 3-49 所示。

图 3-47　图层混合模式菜单

图 3-48　添加光效素材

图 3-49　设置图层混合模式

需要注意的是，图层混合模式与形状工具选项栏中的混合模式不同，图层混合模式中没有"清除"混合模式。Lab 颜色模式的图片不能使用"颜色减淡""颜色加深""变暗""变亮""差值""排除""减去"和"划分"混合模式。

3.5.3 利用蒙版控制图像显示效果

蒙版用于控制图层的显示区域，但是并不参与图层的操作，蒙版与图层两者之间是息息相关的。在 Photoshop 中进行网店装修时，使用蒙版可以保持画面局部的图像不变，对处理区域的图像进行单独的色调和影调的编辑，被蒙版遮盖起来的部分则不会发生改变，蒙版通常用于对商品图片进行抠取、编辑局部色调和影调等操作。

视　频

利用蒙版控制图像显示效果

打开"素材文件 \ 第 3 章 \28.jpg",使用选区工具创建选区之后,接着单击"添加图层蒙版"按钮■,即可在图层蒙版中看到创建的选区,而所创建的图层蒙版与选区的范围有关,如图 3-50 所示。

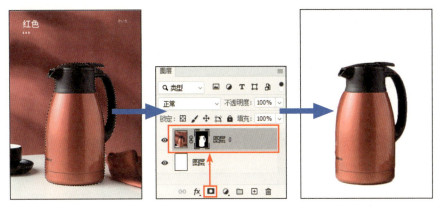

图 3-50　创建选区后添加图层蒙版

为创建的选区添加图层蒙版后,可以通过双击"图层"面板中的蒙版缩览图打开"蒙版"属性面板。"蒙版"属性面板中显示了当前蒙版的"密度""羽化"等选项,可以对这些选项进行设置并同时应用到蒙版中,如图 3-51 所示。

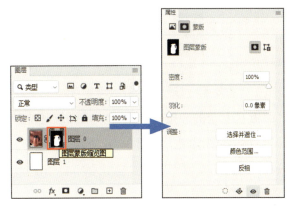

图 3-51　设置蒙版选项

除了创建选区后添加图层蒙版外,还可以使用绘图工具(如画笔工具和渐变工具)对蒙版的效果进行调整。使用画笔工具可以直接在选中的图层蒙版上进行涂抹,根据前景色的不同,其涂抹后的效果也会不同;使用渐变工具可以在图层蒙版中快速创建一个带有渐隐效果的灰度图像,其中黑色的蒙版区域会被隐藏、白色的蒙版区域会被显示、灰色的蒙版区域会以半透明的方式显示。

3.5.4　制作GIF动态闪图

视　频
制作 GIF
动态闪图

为了能够全方位地展示网店商品,达到吸引买家注意的目的,一些网店往往会添加一些动态闪图,也就是 GIF 格式的动态图像。下面将介绍制作 GIF 动态闪图的具体操作方法。

步骤 01　Photoshop CC 2020 中单击"文件"|"脚本"|"将文件载入堆栈"命令,弹出"载入图层"对话框,在"使用"下拉列表框中选择"文件"选项,单击"浏览"按钮,在弹出的对话框中选择要导入的图片,单击"打开"按钮,如图 3-52 所示。

图 3-52 导入图片

步骤 02 单击"窗口"|"时间轴"命令，打开"时间轴"面板，单击"创建帧动画"按钮，在"时间轴"上创建 1 个帧动画，如图 3-53 所示。

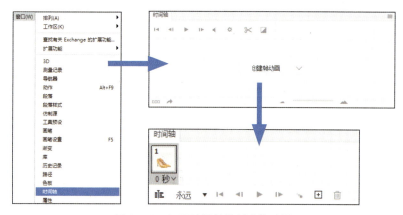

图 3-53 打开时间轴并创建帧动画

步骤 03 单击"时间轴"面板右上角的 ☰ 按钮，选择"从图层建立帧"选项，将导入的图片创建为帧动画，在"时间轴"中即可看到各图层帧，如图 3-54 所示。

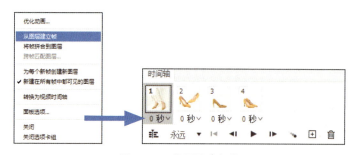

图 3-54 从图层建立帧

步骤 04 在"时间轴"面板中根据需要调整各图层帧的先后次序，选择全部帧，并设置图片的延迟时间，在此设置为 0.5 秒，设置循环类型为"永远"，如图 3-55 所示。

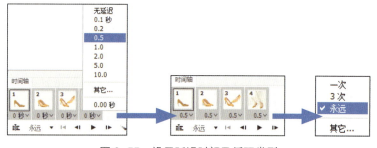

图 3-55 设置延迟时间及循环类型

步骤 05 单击"文件"|"导出"|"存储为 Web 所用格式（旧版）"命令，在弹出的对话框中选择 GIF 文件格式，然后单击"存储"按钮，即可完成 GIF 动态闪图的制作，如图 3-56 所示。

图 3-56　存储 GIF 动态闪图

3.6　文字——商品信息辅助说明

文字是视觉传达的重要组成部分，是图像和色彩之外的又一视觉构成要素，所以在完成商品图片的美化与修饰之后，为了让买家了解更多的商品信息，通常需要在页面中适当地添加文字。Photoshop 除了具有强大的图像处理功能外，还具备一定的文字编排功能，利用它能够轻松地制作出满足网店装修需要的文字效果。

3.6.1　添加文字并设置格式

在网店装修的文字编辑工作中，为处理好的商品图片添加文字是第一个步骤。添加文字后，还需要对文字的字体、字号、字间距和颜色等进行调整，使文字的外形和色彩符合当前页面的风格，能够准确地传达出商品的信息。

在 Photoshop 中打开一张已经处理好的商品图片，选择横排文字工具，在需要添加文字的地方单击，当显示出闪烁的插入点时即可输入文字。选中输入的文字，单击"窗口"|"字符"命令，打开"字符"面板，在其中对文字的相关属性进行设置，并使用移动工具适当调整文字的位置，即可完成文字的添加操作，如图 3-57 所示。

图 3-57　添加文字

除了使用横排文字工具为页面添加横排文字以外，还可以使用直排文字工具添加竖排文字，这两个工具的使用方法相似。若要创建段落文字，则可使用文字工具在图像窗口中单击并拖动文本框后再输入文字，如图 3-58 所示。

图 3-58　添加段落文字

创建文字后，"图层"面板中会自动添加相应的文本图层，可以随时对文本图层中的文字进行编辑修改，也可以对文本图层应用图层相关的命令。注意：在对文本图层进行栅格化处理之后，矢量的文字轮廓会被转换为像素，也就不能作为文字进行编辑了。

▶ 3.6.2　制作创意标题文字

为了让文字的表现主次分明，我们可以通过改变字体、字号和颜色等来突出重要的标题文字。有时为了营造特定的氛围，需要让标题文字看起来更有新意，仅通过变换字体等格式是无法实现的，此时可以通过两种方法对标题文字进行艺术化设计：一是通过为文字添加图层样式来丰富视觉表现；二是对文字外观进行重新设计，制作出艺术化的文字效果。

1. 使用图层样式对文字进行修饰

使用图层样式对文字进行修饰，可以随时调整参数，并且不会影响文字本身的属性。标题文字使用"渐变叠加"图层样式进行了修饰，文字的表现更为丰富，成为画面的视觉中心，达到了很好的宣传效果，如图 3-59 所示。

图 3-59　使用图层样式对标题文字进行修饰

2. 文字外观的艺术化设计

文字外观的艺术化设计是指通过使用矢量图形工具重新绘制文字、在文字上添加修饰形状等方式来制作文字。"6·18 理想生活狂欢节"标题文字就是在原文字的基础上使用矢量图形工具绘制出来的,并为文字添加了修饰形状,让其更具层次感,如图 3-60 所示。

图 3-60 文字外观的艺术化设计

3.6.3 对段落文字进行艺术化编排

现代人的生活节奏越来越快,很多人利用碎片化时间进行网购,对大段的文字往往缺乏阅读的耐心。为了更好地调动买家的阅读兴趣,除了让文字的内容更加凝练外,还可以对大段文字进行艺术化的编排设计,以增强文字信息的视觉传达效果。

图 3-61 所示的图片除了根据版面布局对段落文字的对齐方式、行间距等进行调整以外,还对段落文字的字体、字号进行了精心搭配,使段落文字的主次更加分明,提升了文字的阅读体验,避免了大段文字给买家造成的阅读障碍,有效地增强了买家的阅读兴趣。

图 3-61 对段落文字进行艺术化编排

【课后练习】

1. 根据本章所介绍去除水印的方法为图 3-62 所示的海报去除水印。

图 3-62　需要去除水印的海报

2. 试采用不同的抠图方法对图 3-63 所示的商品进行抠图。

图 3-63　抠图

3. 试对图 3-64 所示的两张商品模特图片进行校正调色，使其恢复正常色调。

图 3-64　校正调色

第4章
店标与店招设计

→ **学习目标**

- 了解网店店标的设计形态及店招的设计思路。
- 能够通过添加修饰元素、图层样式等方式对店招进行修饰。
- 能够根据网店商品图片及网店风格来确定店标和店招的风格及配色。

→ **素养目标**

- 培养保护知识产权的意识，严格遵守职业规范和职业道德。

　　店标与店招位于网店首页的最顶端，是买家进入网店首页后看到的第一个模块，所以是网店首页设计的重中之重。它们的主要作用是向买家展示网店的店名、所售的商品等，并提供访问网店各个功能模块的快速通道。本章将重点介绍店标与店招的设计方法与技巧。

4.1 网店店标的设计

店标作为一个非常重要的网店视觉标志，有着非常重要的传播作用，这意味着店标作为一个固定标志会长期、反复地出现在各种场合，代表着网店的形象、经营内容和更多与营销有关的信息。因此，店标的设计要尽可能地做到吸引买家的眼球。在设计之前，可以在网上搜索不同类目的网店，看看它们的店标都是什么样的，以此作为借鉴和参考。

4.1.1 店标的设计形态

从设计的表达形态来看，店标可以分为以下几种。

1. 中文型店标

中文型店标主要由文字单独构成，适用于多种传播方式，最大的优点是一目了然，买家对中文的接受度最高，好辨识也好记忆，如图4-1所示。

中文型店标特别要注意文字的精简和信息的传达。店标的尺寸大小有限，最好能够把字展示清楚且醒目，想给予太多的信息反而会让传达效果大打折扣。

图4-1　中文型店标

2. 非中文型店标

英文和字母会给人一种很酷的感觉，能够给人留下深刻的印象。如果选择非中文型店标，特别要注意网店所售商品的范围和风格是否和店标的感觉贴近。同样，因为英文标志不好理解，所以应该以简单和强烈的视觉冲击力为主。至于颜色搭配，也应该以冲击力强的对比色搭配为主，如图4-2所示。

图4-2　非中文型店标

3. 图文结合型店标

图文结合型店标就是图形与文字相结合的店标形式。用图形作为店标的话，如果不带上店名或品牌名，给人留下的记忆是比较有限的，而带上文字后会更直观，如图4-3所示。这种店标既具有图形化的视觉冲击力，又能清楚地传达网店品牌信息，所以应用得非常广泛。

图4-3　图文结合型店标

总之，每种设计都有其优势和劣势，所以卖家在选择设计形态时，可以根据自己网店的优势与特征采用合适的设计形态来进行表现。

▶ 4.1.2 不同行业的店标设计

在设计店标时，不同的行业和类目，针对不同的消费者和不同的营销目的，会有一些设计上的共性和个性，下面将通过举例进行介绍。

1. 柔美型店标

针对女性的行业和类目的店标为了突出柔美、温柔的女人味，在字体上可以选择能体现圆润感觉的圆角字体，或者能够体现女性身段的纤细、高挑感觉的字体。此外，把字体做一些变形处理，可以让线条的弧度显得比较女性化。颜色的选择也以女性化颜色为主，如粉色、红色、紫色，如图 4-4 所示。

图 4-4 柔美型店标

2. 阳刚型店标

针对男性的行业和类目的店标在字体风格上要更加刚硬一些，字的棱角也要硬一些，体现出力量感。阳刚型店标在颜色上多以黑、白、灰为主，也有用深蓝色的，如图 4-5 所示。

图 4-5 阳刚型店标

3. 可爱型店标

针对婴幼儿类目的店标，在图形的设计上会偏向于简单的线条和明快的色彩线条，小动物元素用得较多，如图 4-6 所示。

图 4-6 可爱型店标

视 频
水果网店店标
设计

4.2 课堂案例：水果网店店标设计

下面通过一个店标设计案例来介绍店标的设计流程。在设计店标前，首先要与客户或领导进行沟通。对店标设计来说，沟通是极为重要的，因为这样可以大大提高工作效率。在本案例中，水果网店名称是"鲜果味"，主营项目是水果，希望从店标上体现出网店的风格。

4.2.1 设计理念

- 经过分析和构思，想到用水果的图形来设计，所以第一步就是去素材库找一些卡通水果的素材图形。
- 整体以橘色为主，橘色在暖色中明度高，有着较强的视觉冲击力，并且具有美味和欢乐的寓意。
- 使用绿色作为点缀，象征着健康、安全、无污染。

4.2.2 技术要点

- 使用形状工具和钢笔工具绘制店标中的主体部分。
- 通过添加水果和绿叶素材来突出网店风格。
- 使用圆润的字体作为店标文字。

4.2.3 实操演练

步骤 01　在 Photoshop CC 2020 中单击"文件"|"新建"命令，在弹出的"新建文档"对话框中设置各项参数，然后单击"创建"按钮，如图 4-7 所示。

图 4-7　新建图像文件

步骤 02　选择自定形状工具，在其属性栏中设置填充颜色为 RGB（238，116，28），然后选择"雨滴"形状进行绘制，如图 4-8 所示。

图 4-8　绘制"雨滴"形状

步骤 **03** 按【Ctrl+J】组合键复制雨滴形状,在其属性栏中设置填充颜色为白色,按【Ctrl+T】组合键调整形状的大小和位置,如图4-9所示。

步骤 **04** 打开"素材文件\第4章\水果网店店标设计\01.jpg",使用魔棒工具单击橘色部分,抠出水果图形。将其导入图像窗口中,按【Ctrl+T】组合键调出变换框,适当调整图形的大小,如图4-10所示。

图4-9 复制并调整形状　　　　　　　　　　图4-10 抠出并调整水果图形

步骤 **05** 在"图层"面板中单击"创建新图层"按钮⊞,创建"图层2"。选择钢笔工具,绘制一个不规则形状,按【Ctrl+Enter】组合键将路径转化为选区,并填充颜色为RGB(238,116,28),如图4-11所示。

图4-11 绘制并填充装饰图形

步骤 **06** 用同样的操作方法绘制叶子装饰图形,并填充颜色为RGB(135,189,64),如图4-12所示。

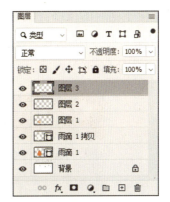

图4-12 绘制并填充叶子图形

步骤 **07** 选择横排文字工具,输入文字"鲜果味",然后打开"字符"面板,设置文字的各项参数,如图4-13所示。

图 4-13　输入文字并设置其参数

步骤 08 继续输入修饰文字"—XIANGUOWEI—"，然后调整文字的位置，最终效果如图 4-14 所示。

图 4-14　添加修饰文字

4.3 了解网店店招与导航

店招其实就是网店的招牌。从品牌推广角度来看，要想在整个网店中让店招变得便于记忆，设计的店招需要具备新颖、易于传播、便于记忆等特点。导航是网店商品详情页的指引牌，主要表现的是网店商品的分类。

4.3.1 认识店招与导航

店招和导航位于网店的顶端，成功的店招通常采用标准的颜色和字体、简洁的设计版面。此外，店招一般包含精练、吸引力强的广告语，画面还要具备强烈的视觉冲击力，清晰地告诉买家网店在卖什么，而且通过店招也可以对网店装修的风格进行定位，如图 4-15 所示。

在店招中添加店铺名称，同时使用具有代表性的图片来暗示店铺的销售内容，并通过店招和导航的色彩来确定整个网店的装修风格和色彩

图 4-15　店招与导航

以淘宝网为例，目前淘宝店招的尺寸分为两种：一种宽度是 950 像素，另一种宽度是 1920 像素，这与网店所属的旺铺版本有关。基础版旺铺的店招高度是 120 像素，宽度是 950 像素；专业版和智能版旺铺的店招都是全屏的效果，高度是 120 像素，宽度是 1920 像素。

为了让店招有特点且便于记忆，在设计过程中都会采用简短、醒目的广告语等辅助内容，并通过适当的配图来增强网店的辨识度。店招所包含的主要内容包括网店 Logo、网店名称、简短的广告语和广告商品等，如图 4-16 所示。

图 4-16　店招包含的内容

在进行店招与导航的设计过程中，并不是要将所有的内容都包含到店招中。在大部分店招设计中，网店的名称往往会进行重点展示，而其他元素可以适当省略。这样的设计不仅能让网店名称更加直观，还有利于树立网店的形象。

4.3.2 店招与导航的设计思路

店招好比网店的脸面，对网店的宣传起着非常重要的作用。在设计店招时，要更多地从留住买家的角度来考虑。图 4-17 所示的茶具网店店招与导航的设计中，使用了与网店商品风格一致的色彩和图片，同时添加了具有吸引力的广告信息和收藏信息来吸引买家的注意力。

图 4-17　茶具网店店招与导航

此网店以销售茶具为主，为了突出茶艺千年的文化，在设计中使用了传统、怀旧的红色，并配上具有突出表现力的浅黄色，让画面看上去主次分明。同时，书法字体和传统风格 Logo 的使用也是设计的亮点，这使得店招的整体效果颇具古典韵味。

图 4-18 所示为小家电网店的店招和导航。橘红色象征着太阳的色彩，所以使用橘红色能够让色彩与商品的特点更加吻合。为了凸显网店的品质感，让买家给予网店更多的信任，店招在设计中还使用了不同的字体及颜色等，以此打造精致的画质感。

图 4-18　小家电网店店招与导航

4.4 课堂案例：母婴网店店招与导航设计

婴幼儿商品通常会使用高明度的色彩来进行表现。根据这一特点，本案例的母婴网店店招与导航的设计使用多种高明度的色彩来营造纯洁、稚嫩的画面效果，如图 4-19 所示。画面中搭配了外形可爱的 Logo，同时使用漂亮的丝带和云朵图案装饰背景，使整个画面灵动感十足，情趣盎然。

图 4-19 母婴网店店招与导航设计效果

4.4.1 设计理念

- 以粉绿色为主，使用明度较高的几种色彩来修饰画面，让网店形象更加活泼、可爱。
- 使用浅色的云朵图案作为店招背景，营造出漂亮、灵动的视觉效果。
- 利用分布得当的文字对促销内容进行点缀，使整个画面风格更加统一。

4.4.2 技术要点

- 使用素材制作店招中所需的背景和修饰元素，通过图层蒙版和不透明度来调整编辑的效果。
- 利用"创建文字变形"按钮对文字进行变形，使其与彩带素材完美结合。
- 使用自动形状工具中的"搜索"形状来添加搜索框中的图形。

4.4.3 实操演练

步骤 01 在 Photoshop CC 2020 中单击"文件"|"新建"命令，弹出"新建文档"对话框，设置图像大小为 950 像素 × 150 像素、背景色为白色，然后单击"创建"按钮，如图 4-20 所示。

图 4-20 新建图像文件

步骤 **02**　打开"素材文件 \ 第 4 章 \ 母婴网店店招与导航设计 \01.jpg",将其导入图像窗口中,按【Ctrl+T】组合键调出变换框,适当调整大小,使其作为店招背景铺满整个图像窗口,如图 4-21 所示。

图 4-21　导入背景素材

步骤 **03**　打开"素材文件 \ 第 4 章 \ 母婴网店店招与导航设计 \02.png、03.png",将云朵和 Logo 素材导入图像窗口中,并按【Ctrl+T】组合键调出变换框,适当调整其大小和位置,然后设置云朵素材图层的"不透明度"为 40%,如图 4-22 所示。

图 4-22　导入修饰素材

步骤 **04**　使用横排文字工具在店招上方输入文字,并在"字符"面板中分别设置文字属性,其中字体颜色为 RGB（4，168，169）,如图 4-23 所示。

图 4-23　输入文字并设置文字属性

步骤 **05**　打开"素材文件 \ 第 4 章 \ 母婴网店店招与导航设计 \04.png",将彩带图案导入图像窗口中,作为店招的修饰图案,并按【Ctrl+T】组合键调出变换框,调整其大小与位置,如图 4-24 所示。

图 4-24　添加修饰图案并调整其大小与位置

步骤 06 使用横排文字工具输入广告语文字，并在"字符"面板中设置文字属性，如图 4-25 所示。

图 4-25　输入广告语文字并设置文字属性

步骤 07 单击横排文字工具属性栏中的"创建文字变形"按钮，在弹出的"变形文字"对话框中设置各项参数，然后单击"确定"按钮，如图 4-26 所示。

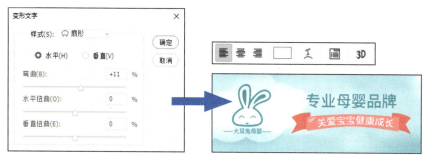

图 4-26　创建变形文字

步骤 08 打开"素材文件 \ 第 4 章 \ 母婴网店店招与导航设计 \05~08.png"，分别将图案导入图像窗口中，使用绿色的云朵图案作为新品上市模块的背景，并按【Ctrl+T】组合键调出变换框，调整其大小与位置，如图 4-27 所示。

图 4-27　添加新品上市模块

步骤 09 使用横排文字工具输入促销文案，并在"字符"面板中设置文字属性，其中文字颜色为RGB（255，239，91），如图 4-28 所示。

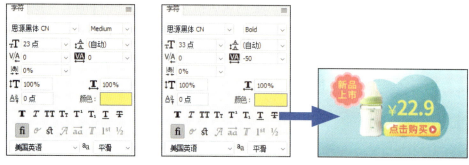

图 4-28　输入促销文案并设置文字属性

步骤 10 在"图层"面板下方单击"创建新组"按钮 ▭，新建"组 1"图层组，将制作的新品上市图层放到该图层组中。按【Ctrl+J】组合键两次复制图层组，制作出其他新品上市模块，然后使用移动工具对其位置进行调整，如图 4-29 所示。

图 4-29 复制图层组

步骤 11 导入"素材文件 \ 第 4 章 \ 母婴网店店招与导航设计 \09.png、10.png"，更换商品图片，然后修改商品信息，如图 4-30 所示。

图 4-30 修改商品信息

步骤 12 单击"视图"|"新建参考线"命令，在弹出的对话框中设置"取向"为"水平"、"位置"为"120 像素"，然后单击"确定"按钮。选择矩形工具，绘制一个矩形作为导航的背景，并填充颜色为 RGB（4，168，169），如图 4-31 所示。

图 4-31 绘制导航背景

步骤 13 选择矩形工具，绘制导航中首页的背景，并填充颜色为 RGB（243，122，136）。使用横排文字工具输入导航文字，并在"字符"面板中设置文字属性，如图 4-32 所示。

图 4-32 输入导航文字

步骤 14 选择圆角矩形工具，在其属性栏中设置"半径"为"80 像素"，绘制导航上的输入框形状。选择矩形工具，绘制一个矩形，然后在"图层"面板中用鼠标右键单击该图层，在弹出的快捷菜单中选择"创建剪贴蒙版"命令，如图 4-33 所示。

图 4-33　绘制输入框

步骤 **15**　选择自定形状工具，在其选项栏中选择"搜索"类别，绘制放大镜形状，并放在搜索框中，如图 4-34 所示。至此，即可完成本案例的制作。

图 4-34　为搜索框添加放大镜图案

4.5 综合实训

打开"素材文件\第 4 章\综合实训"，利用提供的素材为女鞋网店设计店招与导航，参照网店所售的女鞋风格进行配色，以营造时尚、甜美的氛围，如图 4-35 所示。

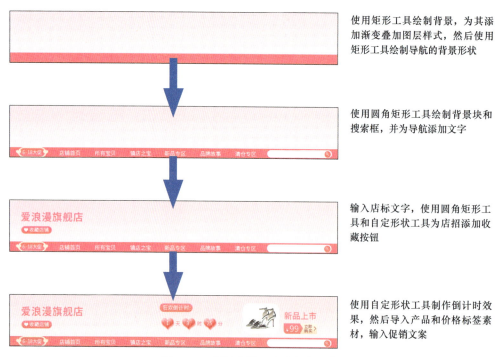

图 4-35　设计女鞋网店店招与导航

4.6 技能扩展

在不同的电商平台上，网店的店招与导航设计的内容都是相似的。在京东上也可以自由地设计网店的店招和导航。图4-36所示为京东某网店的店招与导航，店招中标有网店的名称、品牌、广告语、网店或品牌 Logo 等，这些内容与淘宝网上的设计是非常相似的。

图 4-36　京东某网店的店招与导航

　　值得一提的是，在京东上对店招进行装修，可以通过添加模块来操作，对店招与导航的尺寸进行自由定制，将模块布局编辑完成后，再根据布局中模块的尺寸来设计对象。

　　京东上的"布局"是指将页面划分为不同结构的条格，页面的所有装修内容必须放置到布局内，并且每个页面可以有多个布局（系统提供了多种布局供用户选择和组合使用）。

　　此外，每个网店首页的顶部会有一个通栏布局。图 4-37 所示为"通栏"模块装修过程中的效果，该布局中放置的模块会自动强制显示在网店所有页面中。建议在该布局内仅放置网店店招、店内导航和主推活动的 Banner 等内容。

图 4-37　京东网店首页的"通栏"模块

【课后练习】

　　以不同款式的鞋子图片为素材，设计一个鞋类网店的店招与导航，其中包含网店名称、"关注"按钮、广告商品和导航，色彩搭配以绿色为主，突出青春、简约的风格，最终效果如图 4-38 所示。

图 4-38　鞋类网店店招与导航

第5章
首焦轮播区和商品陈列区设计

➡ **学习目标**

- 了解网店首焦轮播区和商品陈列区的作用与设计思路。
- 学会根据网店推广内容确认首焦轮播区的风格、布局、配色、文字和图片。
- 学会根据不同的节日氛围制作合适的首焦轮播区和商品陈列区。

➡ **素养目标**

- 培养正确的价值观，自觉传播"正能量"。
- 激发设计活力和创新意识。

　　首焦轮播区和商品陈列区模块占据的面积较大，也是整个网店首页中非常醒目、非常具有视觉冲击力的部分。如果首焦轮播区和商品陈列区做得非常有吸引力，就会给网店带来很多流量；如果设计得很普通，就会给网店的转化率造成很大的影响。本章将详细介绍首焦轮播区和商品陈列区的设计方法与技巧。

5.1 首焦轮播区及其设计思路

在实体店中，商家会通过张贴活动海报，展示新品上架、折扣信息等内容的方式来告知买家店铺的最新动态。网店受平台的限制不能通过张贴活动海报的方式来实现信息的传递，而是利用首焦轮播区的设计代替活动海报的功能。下面将对首焦轮播区及其设计思路进行简要介绍。

⏩ 5.1.1 认识首焦轮播区

网店的首焦轮播区主要用于告知买家网店在某个时间段有广告商品或促销活动，其位于网店导航的下方位置，如图 5-1 所示。它的主要作用就是告知买家网店在某个特定时间段的一些动态信息，帮助买家快速了解网店的活动或商品信息。

在设计首焦轮播区时，一般情况下宽度应该大于或等于 750 像素。如果为不同的电商平台设计首焦轮播区，如淘宝网、京东等，或者使用不同的网店装修版本，其尺寸要求也是有所差异的。例如，淘宝网店就包含了专业版、标准版、天猫版等，这些版本在装修中的布局和要求都有一定的差别。

首焦轮播区根据设计的内容可以分为新品上架、网店动态、活动促销等，不同的内容其设计的重点是不同的。例如，以新品上架为主要内容的首焦轮播区，在设计时主要以最新的商品形象为表现对象，配色上可以参照商品的颜色进行同类色搭配，也可以以网店的店招颜色为基础色来进行协调色搭配。

淘宝网店中的首焦轮播区

图 5-1　首焦轮播区

除了从图片内容及颜色上进行考虑以外，首焦轮播区中的文字表现也是相当重要的一个方面。通常情况下会使用字号较大的文字来突出主要信息，同时搭配字号较小的文字来进行补充说明，并利用文字之间的组合编排来突出艺术感，如图 5-2 所示。

图 5-2　首焦轮播区中的文字表现

5.1.2 首焦轮播区的设计思路

首焦轮播区在设计时用来搭配的图片不能太复杂，这样才能突出主题。同时，要采用符合网店商品形象的文字，以避免产生凌乱的感觉。图 5-3 所示为新品上架和活动促销首焦轮播区的案例效果及配色。

将文字放在画面的中央位置，突出其内容信息。把商品放在画面两侧，加上协调的色彩搭配，营造出精致、时尚的氛围，重点表现商品的形象

对文字进行艺术化的编排，通过变形文字来增强文字的可读感和艺术性；背景中的图像以辅助修饰的方式呈现，使主题文字更加突出

图 5-3　新品上架和活动促销首焦轮播区的案例效果及配色

5.2　课堂案例：节日主题的首焦轮播区设计

中秋节是中国的传统节日之一，本案例中所制作的首焦轮播区就是为中秋节设计的，如图 5-4 所示。画面中使用月亮、孔明灯、月饼等形象来营造中秋节的氛围，通过艺术化设计的文字来突出活动的主题，搭配上中国风插画图案设计，传递出中秋节思念故乡，思念亲人，祈盼丰收、幸福的情感。

视　频

节日主题的首焦轮播区设计

图 5-4　中秋节首焦轮播区

5.2.1 设计理念

● 在色彩搭配上，使用不同明度的绿色和黄色，展现出一种浪漫的感觉。

● 使用月亮、月饼的形象来营造中秋节的氛围，传递出思念故乡、思念亲人的情感，由此准确地表达出活动的主题。

● 使用外形较小的文字来说明活动的内容，深化活动的主题。

5.2.2 技术要点

● 设置"叠加"图层混合模式、"亮度/对比度"调整图层修饰首焦轮播图主题。

● 输入并对文字进行排版，使其更有设计感。

5.2.3 实操演练

步骤 01　在 Photoshop CC 2020 中单击"文件"|"新建"命令，弹出"新建文档"对话框，设置图像大小为 1920 像素 × 900 像素、背景色为白色，然后单击"创建"按钮，如图 5-5 所示。

图 5-5　新建空白文件

步骤 02　打开"素材文件\第5章\节日主题的首焦轮播区设计\01.jpg"，将其导入图像窗口中作为背景，按【Ctrl+T】组合键调出变换框，适当调整其大小与位置，效果如图 5-6 所示。

图5-6　导入背景素材并调整其大小与位置

步骤 03　打开"素材文件\第5章\节日主题的首焦轮播区设计\02.png"，将其导入图像窗口中，在"图层"面板中设置图层混合模式为"叠加"，如图5-7所示。

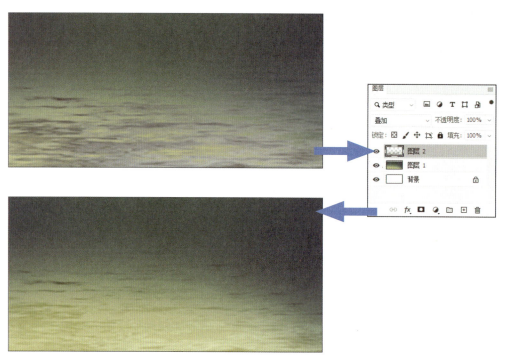

图5-7　导入素材并设置图层混合模式

步骤 04　在"图层"面板下方单击"添加图层蒙版"按钮■，为该图层添加白色的图层蒙版，使用黑色的画笔工具对蒙版进行编辑，如图5-8所示。

图5-8　添加并编辑图层蒙版

步骤 05　打开"素材文件\第5章\节日主题的首焦轮播区设计\03.png"，将其导入图像窗口中，按【Ctrl+T】组合键调出变换框，适当调整其大小与位置，如图5-9所示。

图 5-9　导入装饰素材并调整其大小与位置

步骤 06　打开"素材文件 \ 第 5 章 \ 节日主题的首焦轮播区设计 \04.png",将月饼素材导入图像窗口中,按【Ctrl+T】组合键调出变换框,适当调整其大小与位置,如图 5-10 所示。

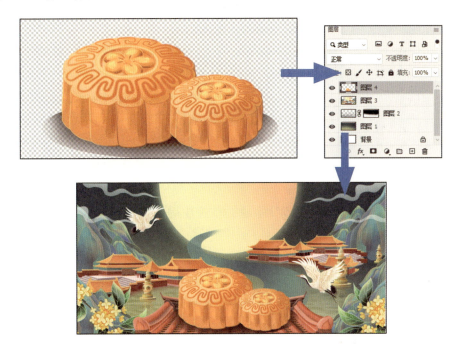

图 5-10　导入月饼素材并调整其大小与位置

步骤 07　使用横排文字工具在月亮的位置输入文字"月""圆""中""秋",在"字符"面板中分别对文字属性进行设置,其中文字颜色为 RGB(207,77,30),如图 5-11 所示。

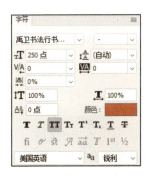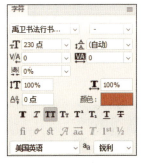

图 5-11　输入主题文字并设置文字属性

步骤 08　选择圆角矩形工具,在工具属性栏中设置填充颜色为 RGB(200,58,26)、描边颜色为 RGB(255,235,201)、"半径"为"50 像素",在主题文字下方绘制一个圆角矩形。选择横排文字工具,在绘制的圆角矩形中添加活动内容并设置文字属性,如图 5-12 所示。

图 5-12　添加活动内容并设置文字属性

步骤 09　选择横排文字工具，在圆角矩形下方单击并输入活动时间，在"字符"面板中对文字属性进行设置，其中文字颜色为 RGB（255，234，199），如图 5-13 所示。

图 5-13　添加活动时间并设置文字属性

步骤 10　打开"素材文件 \ 第 5 章 \ 节日主题的首焦轮播区设计 \05.png"，将其导入图像窗口中，适当调整其大小和位置，效果如图 5-14 所示。

图 5-14　添加其他装饰素材并调整其大小和位置

步骤 11　在"图层"面板下方单击"创建新的填充或调整图层"按钮 ◑，选择"亮度 / 对比度"选项，在弹出的"属性"面板中设置各项参数，增强图像的对比度，即可看到本案例的最终效果，如图 5-15 所示。

图 5-15　调整亮度 / 对比度并查看最终效果

5.3 商品陈列区视觉设计

陈列区是商品橱窗展示的精髓所在，对网店营销同样重要。在淘宝、京东等购物网站中，热销区、爆款区、人气推荐区等都属于商品陈列区视觉设计。下面将对商品陈列区的视觉设计进行介绍。

5.3.1 营造视觉动线

许多卖家习惯将商品展示图片整齐划一地排列在网店首页中，如图 5-16 所示。之所以选择这种方式，可能是因为这些卖家认为与将商品乱七八糟地摆放相比，买家更愿意看到整齐排列的商品货架。

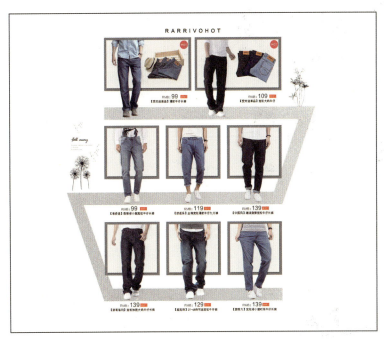

图 5-16　商品陈列图

虽然整齐划一确实是一种较为保守、保险与传统的布局方式，设计时也简单、方便，但是仍需要注意一些设计事项。

通常情况下，人们已经习惯了从左向右、从上到下的阅读模式，这样的习惯延续到了网页上。与阅读书籍不同的是，互联网用户习惯于以快速扫描、捕捉关键点的方式进行浏览，但这一浏览习惯会影响人们对首页商品展示图片布局的观感。如果在网店首页放置过多的图片，如同密密麻麻的文字一般，就会让买家失去浏览的耐心。这会直接导致 F 形浏览模式（见图 5-17）的形成。

F 形浏览模式是由美国长期研究网站可用性的著名网站设计师柯柏·尼尔森在《眼球轨迹的研究》报告中提出的。他认为大多数情况下浏览者受浏览经验与习惯的影响，都会不由自主地以 F 形的模式浏览网页。

因此，在进行商品展示图片的排列设计时，首先要使用整洁的排列让买家获得轻松感，图片不宜过多，横排图片最好不超过 5 张，因为过多的图片容易让买家感到浏览压力并产生疲倦感。

除此之外，通过灵活多变的排列方式形成图片组合的视觉动线也能减少死板的排列组合带来的枯燥与乏味感，如图 5-18 所示。

①浏览初期，视线水平移动，且浏览范围较大。刚开始浏览时，买家对商品展示图片充满了新鲜感和好奇，很可能将第一排图片全部浏览完毕，并根据从上到下的浏览经验，转向浏览第二排图片

②水平浏览范围缩短。此时图片的布局没有任何变化，买家对图片浏览的新鲜感降低，开始失去浏览的耐心，第二排图片的水平浏览范围就会缩短

③失去耐心，开始进行垂直浏览。买家看到第三排仍然是一成不变的图片排列后，浏览的耐心继续减少，于是开始对左边进行垂直浏览

图 5-17　F形浏览模式

商品海报展示图：将重点推荐的商品以单张海报的方式呈现，较为丰富的表现形式能很好地让买家注意到商品信息

两张商品展示图：非重点推荐的商品以多张图片并排展示的效果呈现

单张商品展示图：较为重要的商品以单张图片的形式排列，较大的展示面积更能获得买家的瞩目

单张图片：除了商品展示图片以外，还可以搭配一些与展示商品相关的商品组合图片，进一步引起买家的购买兴趣

图 5-18　商品展示图片排列设计

在图 5-18 中，商品陈列区的布局打破了横排图片以固定的数量单一摆放的形式，灵活的排列组合形成了视觉浏览动线，不仅能够缓解买家在浏览时的枯燥感，让买家可以更多地注意到所展示的商品图片，还能让商品的展示有了主次的层级关系——主要的商品被放在陈列区顶端大面积展示，次要的商品靠后展示，并且展示面积较小，在陈列区末端通过单张图片缓和买家眼球左右移动的频率，让买家的视线集中于单张图片上。

这种商品展示图片的布局结构既巩固了买家对前面看到的商品展示内容的记忆，又提供了更多的购物方式；既能让买家获得较为轻松与清晰的浏览体验，又能持续吸引买家的注意力。

在互联网时代，买家形成了互联网行为模式，他们青睐快速、轻便的阅读体验，所以在进行设计时，也要尽可能地为买家营造这样的阅读环境。同时也要明白，并不是商品信息摆放越多，商品出售的可能性越大，如果这些商品信息不被买家关注，那么放置再多的内容也是徒劳的。尽可能让买家看到所展示的商品，并吸引他们的注意力，提高所展示商品的转化率，这才是视觉设计要达到的真正目的。

5.3.2　商品布局艺术化

商品图片的布局是影响商品陈列区整个版式的关键，也是确立整个首页风格的关键。为了吸引买家的注意力，可以根据商品的功能、外形特点、设计风格来对商品陈列区布局进行精心的规划与设计，将网店中的商品艺术化地展现出来。

常见的商品陈列区布局方式有 3 种，包括方块式布局，以及下面将要介绍的折线型布局与随意型布局。

1．折线型布局

折线型布局就是将商品图片按照错位的方式进行排列，如图 5-19 所示。在这种布局中，买家的视线会沿着商品图片做折线运动。这样的设计可以给人一种清爽、利落的感觉，具有韵律感。

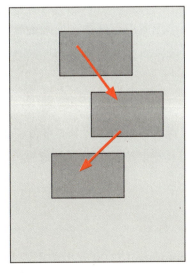

图 5-19　折线型布局

2．随意型布局

随意型布局就是将商品图片随意地放置在页面中，如图 5-20 所示。这种随意往往需要营造出一种特定的氛围和感觉，让这些商品之间产生一种联系，否则画面中的商品会由于缺乏联系而显得突兀。随意型布局在女装搭配、组合销售中使用得较多，是一种灵活性较强的布局方式。

 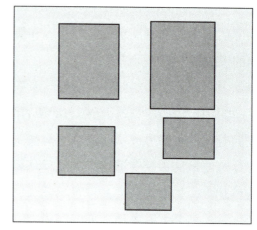

图 5-20　随意型布局

5.4　课堂案例：当季热卖商品陈列区设计

视　频

当季热卖商品
陈列区设计

本案例以品牌男装网店装修为例，介绍当季热卖商品陈列区的设计方法。男装网店装修的设计理念与女装网店不同，要表现男人的硬朗与刚强，所以在字体上选择较为方正的字体，并结合当下流行的色彩元素，给人一种时尚、潮流的感觉，营造出大气、简约的氛围，由此打动买家的心，最终效果如图 5-21 所示。

5.4.1　设计理念

● 在色彩搭配上，颜色对比要强烈，以增强视觉冲击力。画面主色调采用鲜艳的红色和蓝色进行对比，营造出明亮、大气的视觉效果，这样的颜色设计很容易吸引买家的注意力。

● 使用蓝色矩形图案进行修饰，使画面看起来更加和谐。

● 使用同色系的价格标签作为点缀，增强画面的设计感。

5.4.2　技术要点

● 使用剪贴蒙版来控制图像的显示部分。

● 使用矩形工具绘制图像的背景及修饰形状，并应用图层样式进行修饰。

5.4.3　实操演练

图 5-21　当季热卖商品陈列区设计

步骤 01　在 Photoshop CC 2020 中单击"文件"|"新建"命令，弹出"新建文档"对话框，设置图像大小为 1920 像素 ×3410 像素、背景色为白色，然后单击"创建"按钮，如图 5-22 所示。

图 5-22　新建图像文件

步骤 **02**　设置前景色为 RGB（28,14,93），按【Alt+Delete】组合键填充"背景"图层，如图 5-23 所示。

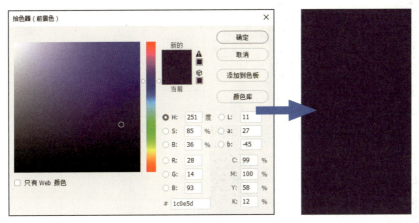

图 5-23　填充"背景"图层

步骤 **03**　打开"素材文件 \ 第 5 章 \ 当季热卖商品陈列区设计 \01.jpg"，将其导入图像窗口中，并按【Ctrl+T】组合键调出变换框，适当调整其大小与位置，如图 5-24 所示。

图 5-24　添加图片并调整大小与位置

步骤 **04**　使用矩形工具在图像窗口中绘制一个矩形，作为商品的背景，在"属性"面板中设置各项参数，如图 5-25 所示。

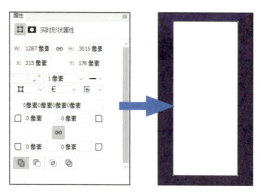

图 5-25　绘制矩形

步骤 05　使用矩形工具继续绘制一个矩形，然后单击"图层"|"图层样式"|"渐变叠加"命令，在弹出的对话框中设置各项参数，其中渐变颜色为 RGB（17，17，213）到 RGB（212，2，5），单击"确定"按钮，如图 5-26 所示。

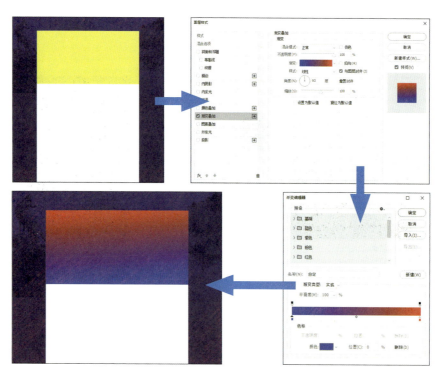

图 5-26　绘制矩形并添加图层样式

步骤 06　使用矩形工具在图像窗口中绘制几个矩形，并将它们填充为灰色，效果如图 5-27 所示。

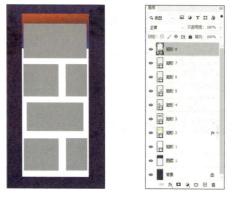

图 5-27　绘制矩形并填充颜色

步骤 07　打开"素材文件 \ 第 5 章 \ 当季热卖商品陈列区设计 \02.jpg",将模特素材导入图像窗口中,并按【Ctrl+T】组合键调出变换框,适当调整其大小和位置,然后单击"图层"|"创建剪贴蒙版"命令,如图 5-28 所示。

图 5-28　导入模特素材并调整其大小与位置

步骤 08　采用同样的方法导入其他模特素材,并为它们创建剪贴蒙版,效果如图 5-29 所示。

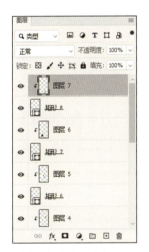

图 5-29　导入其他模特素材并创建剪贴蒙版

步骤 09　选择横排文字工具,在图像窗口左上角单击并输入所需的文字,在"字符"面板中分别对文字属性进行设置,如图 5-30 所示。

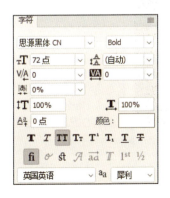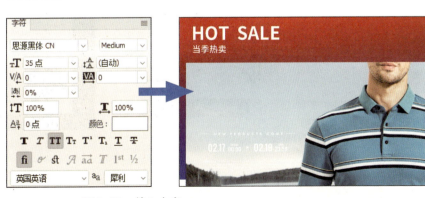

图 5-30　输入文字

步骤 10　使用矩形工具在模特素材下方绘制一个小矩形,作为价格标签背景,然后单击"图层"|"图层样式"|"渐变叠加"命令,在弹出的对话框中设置各项参数,其中渐变颜色为 RGB(17,17,213)到 RGB(212,2,5),然后单击"确定"按钮,如图 5-31 所示。

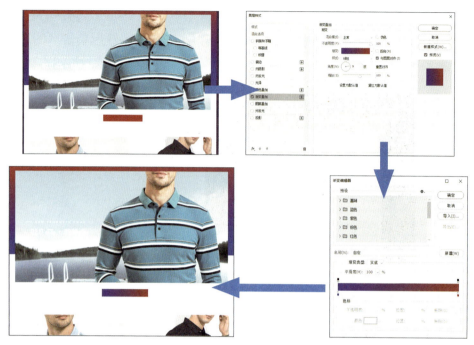

图 5-31 绘制矩形并添加图层样式

步骤 11 选择横排文字工具，输入价格文字，在"字符"面板中设置各项参数，然后使用椭圆工具和自定形状工具绘制一个购买图标，效果如图 5-32 所示。

步骤 12 在"图层"面板下方单击"创建新组"按钮□，新建"组 1"图层组，将制作的价格标签放到该图层组中。按【Ctrl+J】组合键复制多个图层组，适当调整它们的位置，即可完成本案例的制作，最终效果如图 5-33 所示。

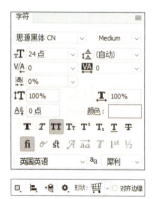

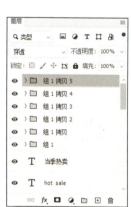

图 5-32 输入价格文字并绘制购买图标

图 5-33 复制多个图层组并调整位置

5.5 综合实训

打开"素材文件\第 5 章\综合实训"，以提供的图片为素材，为某男装网店设计新品上架的首焦轮播区。画面中要包含简要的上新内容说明，色彩要大气，具有抖音独特风格，要能营造出强烈的时尚氛围，效果如图 5-34 所示。

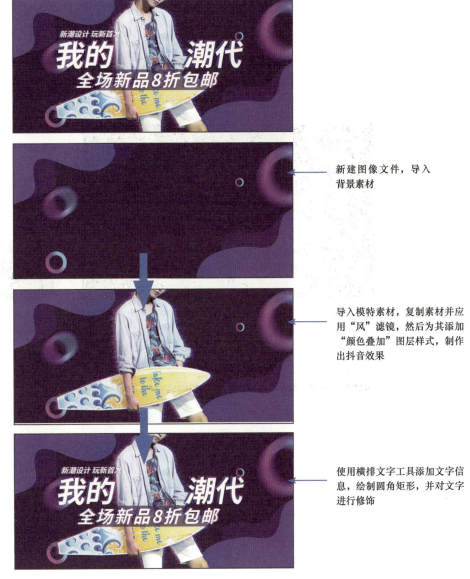

新建图像文件，导入背景素材

导入模特素材，复制素材并应用"风"滤镜，然后为其添加"颜色叠加"图层样式，制作出抖音效果

使用横排文字工具添加文字信息，绘制圆角矩形，并对文字进行修饰

图 5-34 男装网店首焦轮播区

5.6 技能扩展

　　淘宝网店首页的首焦轮播区相当于京东自营网店中的"轮播图"。在京东网店后台中完成网店布局的设置后，就可以通过设置轮播图的操作来完成网店首页主要区域的装饰。在"轮播图"模块中可以添加多种图像，使其轮流播放，如图 5-35 所示，其与淘宝网店的首焦轮播区的编辑和设计要点大致相似。

　　图片轮播功能是淘宝网标准版网店才有的功能，如果能够找到可以图片轮播的代码，将代码复制粘贴在自定义内容区中，那么其他类型网店一样可以达到图片轮播的效果。需要注意的是，在淘宝网上制作轮播图时，图片宽度最好固定为 1920 像素，高度虽然没有太严格的限制，但是一般情况下最好不要超过宽度，并且图片高度要一样高。图 5-36 所示为天猫美妆店铺的轮播图。

　　无论是针对京东网店还是淘宝网店，设计首焦轮播区时都要明确目的，文案梳理要清晰（要知道表达的中心主题是什么、要衬托的文字是哪些）表达的内容要精练，抓住主要诉求点，内容不可过多，一般以图片为主、文案为辅，主题文字在整个文字布局中尽量最大化。通过调整文字的疏密、粗细和大小等因素来寻求视觉上的平衡，这样设计出来的整体效果会比较合理。

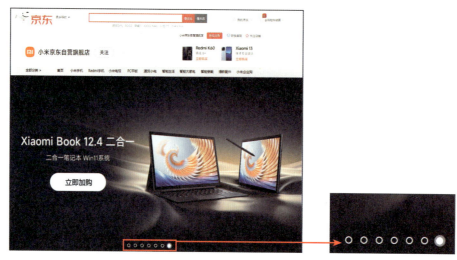

图 5-35　京东网店"轮播图"模块

图 5-36　天猫美妆店铺的轮播图

【课后练习】

　　以童装图片为素材，设计一个用于"六一儿童节"促销使用的童装网店首焦轮播区活动模块，其中画面色彩要协调，设计元素的颜色不能太乱，画面主次分明，活动主题文字突出，具有较强的吸引力和视觉冲击力，如图 5-37 所示。

视 频

课后练习

图 5-37　童装网店首焦轮播区活动模块

第6章
首页设计——服饰网店

→ **学习目标**

- 能够根据服装的类型、色彩和消费群体等来设计首页的配色。
- 能够通过合理的布局来凸显广告商品，展示出服饰商品的特点。
- 能够根据服饰的风格与特点制作出独具特色的网店首页。
- 掌握服饰网店首页设计中的各种技术要点和操作技巧。

素养目标

- 坚持理论联系实践，在实践中深化对理论的认识。
- 培养审美能力，形成高尚的审美观。

　　网店首页代表的是网店的整体形象，其装修效果影响着买家对网店的第一印象。本章主要以两个服饰网店的首页设计案例为例，针对不同的消费群体，从不同的设计角度出发，打造风格和布局各具特色的网店装修效果。

6.1 课堂案例：甜美女装网店首页设计

本案例将为女装网店设计首页，其中使用多张不同造型的模特图片，利用合理的布局来对页面进行规划，通过马卡龙色调的背景让整个页面产生甜美、大气之感，最终效果如图 6-1 所示。

视 频

甜美女装网店
首页设计

6.1.1 设计理念

● 在色彩搭配上，使用粉绿色作为页面的主色调，搭配粉色、白色和蓝色的纯色背景，给人一种甜美、大气、简约的感觉。

● 利用分布得当的文字对页面内容进行点缀，起到画龙点睛的作用。

● 页面布局从上到下按照由疏到密的版式进行设计，使页面内容主次得当，由此带来的视觉缓冲可以延长买家的停留时间，激发买家的购买欲望。

6.1.2 技术要点

● 利用自定形状工具绘制出首页中所需的修饰形状。

● 利用图层样式对图像进行修饰。

● 利用剪贴蒙版对图像的显示进行控制。

图 6-1 甜美女装
网店首页

6.1.3 实操演练

步骤 01 在 Photoshop CC 2020 中单击"文件"|"新建"命令，弹出"新建文档"对话框，设置图像大小为 1920 像素 ×5150 像素、背景色为白色，然后单击"创建"按钮，如图 6-2 所示。

图 6-2 新建图像文件

步骤 02 打开"素材文件 \ 第 6 章 \ 甜美女装网店首页设计 \01.png"，将其导入页面顶部的中间位置，并调整其大小。选择横排文字工具，输入所需的文字，并在"字符"面板中对文字属性进行设置。使用圆角矩形工具绘制出搜索框的外形，然后使用自定形状工具绘制出心形和放大镜形状，制作店招，如图 6-3 所示。

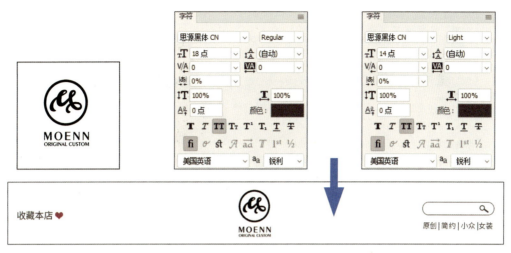

图6-3 导入素材、添加文字并绘制形状

步骤 03 使用横排文字工具在店招下方输入导航文字，并在"字符"面板中设置文字属性，然后使用直线工具在中间绘制一条黑色的直线，如图6-4所示。

图6-4 添加文字并绘制直线

步骤 04 使用矩形工具绘制矩形，在"图层"面板下方单击"添加图层样式"按钮fx，在弹出的"图层样式"对话框中，选择"渐变叠加"选项并设置各项参数，其中渐变色为RGB（122，184，184）到RGB（188，233，233），然后单击"确定"按钮，如图6-5所示。

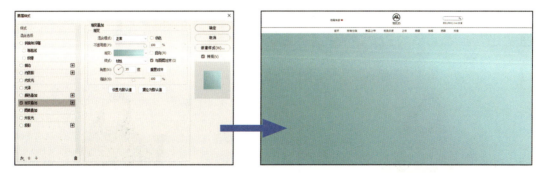

图6-5 绘制矩形并填充

步骤 05 打开"素材文件\第6章\甜美女装网店首页设计\02.png"，将其导入图像窗口中，按【Ctrl+T】组合键调出变换框，调整其大小。在"图层"面板中，在按住【Ctrl】键的同时单击"矩形1"形状图层的图层缩览图调出选区，选择"图层2"，单击"添加图层蒙版"按钮◻，如图6-6所示。

图 6-6　导入素材并添加图层蒙版

步骤 **06**　按【Ctrl+J】组合键复制模特素材，选择"图层 2"，单击"滤镜"｜"模糊"｜"高斯模糊"命令，在弹出的对话框中设置各项参数，然后单击"确定"按钮。在"图层"面板中设置"图层 2"的图层混合模式为"线性加深"，"不透明度"为 25%。使用移动工具将其移至合适的位置，为模特素材添加投影效果，如图 6-7 所示。

步骤 **07**　使用矩形工具绘制形状，填充颜色为白色，然后使用横排文字工具添加文字，并在"字符"面板中对文字属性进行设置，如图 6-8 所示。

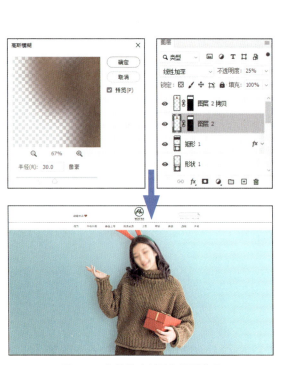

图 6-7　为模特素材添加投影效果

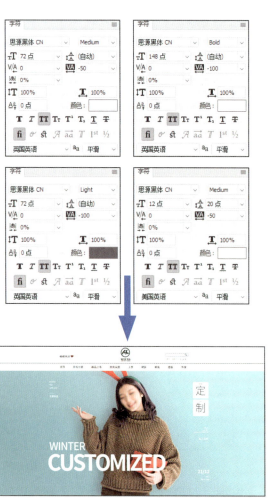

图 6-8　为海报添加文字

步骤 **08**　导入"素材文件 \ 第 6 章 \ 甜美女装网店首页设计 \03.png"，使用横排文字工具在礼盒素材上输入所需的文字，并在"字符"面板中对文字属性进行设置，再使用圆角矩形工具和直线工具绘制形状对文字进行修饰，如图 6-9 所示。

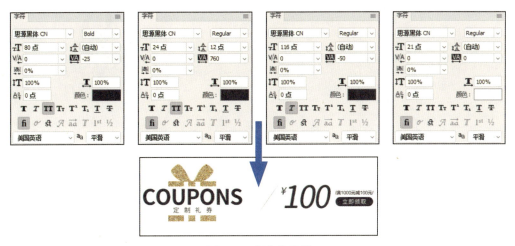

图 6-9　制作优惠券

步骤 09　在"图层"面板下方单击"创建新组"按钮 ▭，新建"组 1"图层组，将制作的优惠券放到该图层组中。单击"图层""复制组"命令，得到"组 1 拷贝"，修改优惠券信息，制作其他优惠券，如图 6-10 所示。

图 6-10　制作其他优惠券

步骤 10　打开"素材文件 \ 第 6 章 \ 甜美女装网店首页设计 \04.jpg"，将其导入图像窗口中。使用矩形工具和椭圆工具绘制分类图形，如图 6-11 所示。

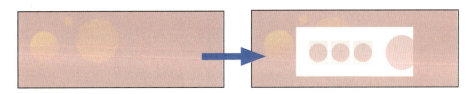

图 6-11　制作商品分类区域

步骤 11　打开"素材文件 \ 第 6 章 \ 甜美女装网店首页设计 \05.jpg~07.jpg"，将它们导入图像窗口中。单击"图层" | "创建剪贴蒙版"命令，使导入的模特素材正好装入所绘制的圆形中，然后在"图层"面板中分别设置图层"不透明度"为 70%。导入"素材文件 \ 第 6 章 \ 甜美女装网店首页设计 \02.png"，单击"图层"面板下方的"添加图层蒙版"按钮 ▭，为其添加图层蒙版，使用黑色的画笔工具在需要隐藏的部分进行涂抹，使用横排文字工具输入分类文字，如图 6-12 所示。

图 6-12　导入模特素材并输入分类文字

步骤 12　使用矩形工具绘制矩形，并填充颜色为 RGB（124，190，189）。打开"素材文件 \ 第 6 章 \ 甜美女装网店首页设计 \08.png"，将其导入图像窗口中，设置其图层混合模式为"颜色加深"。按【Ctrl+J】组合键复制多个素材文件，然后使用横排文字工具输入标题文字，如图 6-13 所示。

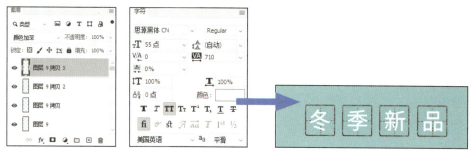

图 6-13　制作新品标题

步骤 13　使用矩形工具绘制多个矩形，继续使用横排文字工具和直排文字工具在绘制的矩形上添加文字，并在"字符"面板中对文字属性进行设置，然后使用直线工具绘制修饰图形，如图 6-14 所示。

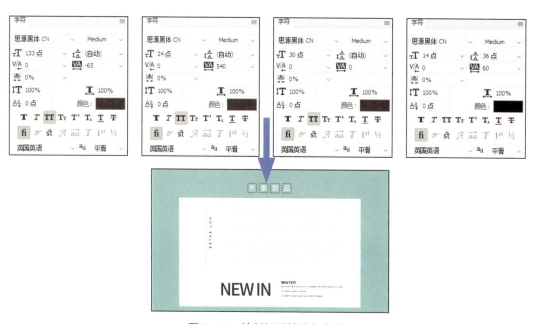

图 6-14　绘制矩形并添加文字

步骤 14　打开"素材文件 \ 第 6 章 \ 甜美女装网店首页设计 \09.jpg、10.jpg"，将它们导入图像窗口中。用鼠标右键单击该图像所在的图层，选择"创建剪贴蒙版"命令，使导入的模特素材正好装入所绘制的矩形中，如图 6-15 所示。

图 6-15 导入模特素材并创建剪贴蒙版

步骤 15 使用矩形工具再绘制多个矩形，并设置背景填充色为 RGB（75，94，144），然后使用横排文字工具输入所需的文字，如图 6-16 所示。

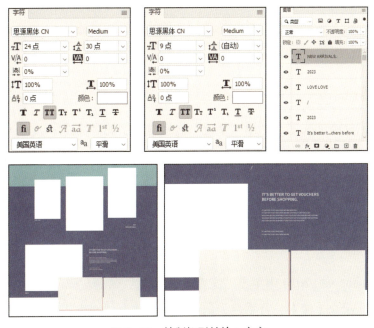

图 6-16 绘制矩形并输入文字

步骤 16 打开"素材文件 \ 第 6 章 \ 甜美女装网店首页设计 \11.jpg~16.jpg"，将它们导入图像窗口中。参照"步骤 14"的操作方法，用鼠标右键单击各个图像所在的图层，选择"创建剪贴蒙版"命令，使导入的模特素材正好装入所绘制的矩形中，如图 6-17 所示。

图 6-17 导入模特素材并创建剪贴蒙版

6.2 课堂案例：可爱童装网店首页设计

本案例将为童装网店设计首页效果，选用的儿童模特十分可爱，页面色彩以紫色和黄色为主，整体布局能给买家形成强大的视觉冲击力，最终效果如图 6-18 所示。

6.2.1 设计理念

● 在色彩搭配上，以紫色和黄色为主，增强了色彩的层次感。

● 页面布局层次分明，黄白相间的色彩结合给人一种纯净、舒适的感觉，使商品的表现力更加突出。

● 主要以圆角矩形作为修饰元素，对商品进行合理的归类和描述，使整个页面内容一目了然，既简单又大气。

6.2.2 技术要点

● 使用横排文字工具添加文字，利用"字符"面板对文字的字体、字号、颜色等文字属性进行设置。

● 使用图层蒙版对图像的显示进行控制。

● 使用圆角矩形工具和矩形工具绘制修饰图形。

图 6-18　可爱童装网店首页

6.2.3 实操演练

步骤 01　在 Photoshop CC 2020 中单击"文件"|"新建"命令，弹出"新建文档"对话框，设置图像大小为 1920 像素 ×5662 像素、背景色为白色，然后单击"创建"按钮，如图 6-19 所示。

图 6-19　新建图像文件

步骤 02　打开"素材文件 \ 第 6 章 \ 可爱童装网店首页设计 \01.jpg"，将其导入图像窗口中。使用横排文字工具在其右侧输入网店名称，并在"字符"面板中对文字属性进行设置，其中字体颜色为 RGB（42，125，190）。使用圆角矩形工具和自定形状工具绘制"关注"按钮，如图 6-20 所示。

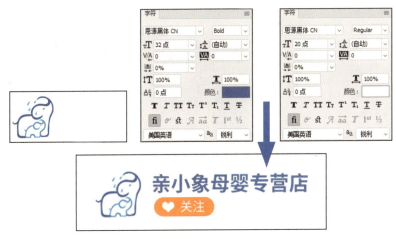

图 6-20 制作店标并绘制"关注"按钮

步骤 03 重复同样的操作，在网店名称右侧导入"素材文件\第 6 章\可爱童装网店首页设计\02.png、03.png"模特素材并输入文字，效果如图 6-21 所示。

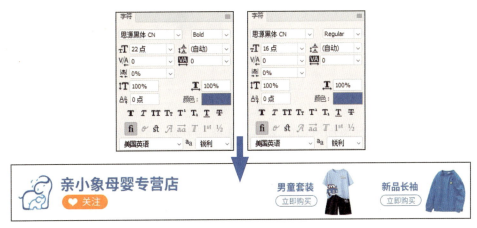

图 6-21 导入模特素材并输入文字

步骤 04 使用矩形工具绘制矩形作为导航背景，并设置填充颜色为 RGB（49，49，49）。使用横排文字工具在矩形上输入导航文字，并在"字符"面板中对文字属性进行设置，如图 6-22 所示。

图 6-22 制作导航

步骤 05 打开"素材文件\第 6 章\可爱童装网店首页设计\04.jpg、05.png、06.png"，将这些轮播海报素材导入图像窗口中，并调整它们的位置和大小，如图 6-23 所示。

步骤 06 使用圆角矩形工具绘制修饰图形，并设置填充颜色为 RGB（247，57，97）。在"图层"面板下方单击"添加图层样式"按钮fx，打开"图层样式"对话框，选择"描边"选项，在弹出的对话框中设置各项参数，其中"颜色"为黑色，然后单击"确定"按钮，如图 6-24 所示。

图 6-23　导入轮播海报素材并调整位置和大小

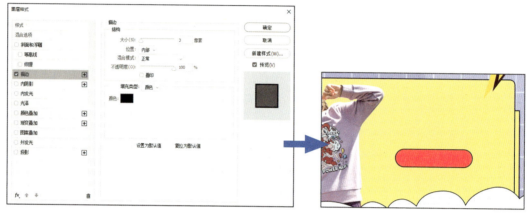

图 6-24　绘制修饰图形并添加图层样式

步骤 07　使用横排文字工具添加所需的文字，选择"为爱守护·秋上新"文本图层，在"图层"面板下方单击"添加图层样式"按钮 *fx*，打开"图层样式"对话框，选择"描边"选项，在弹出的对话框中设置各项参数，其中"颜色"为黑色，然后单击"确定"按钮。导入"素材文件\第 6 章\可爱童装网店首页设计\07.png"，按【Ctrl+T】组合键调出变换框，调整其大小，如图 6-25 所示。

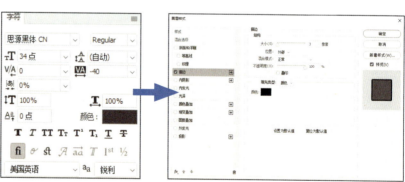

图 6-25　添加文字并导入修饰素材

步骤 08　在"图层"面板下方单击"创建新组"按钮 🗀，新建"组 1"图层组，将上一步制作好的"为爱守护·秋上新"和"圆角矩形 3"放到该图层组中。按【Ctrl+J】组合键复制该图层组，更改相应文字和圆角矩形的颜色，移动图像到合适的位置，并使用横排文字工具添加所需的文字，如图 6-26 所示。

图 6-26　制作轮播海报文字效果

步骤 09　导入"素材文件 \ 第 6 章 \ 可爱童装网店首页设计 \08.jpg、09.png"，以此作为优惠券的背景。使用圆角矩形工具绘制圆角矩形按钮，然后使用横排文字工具添加所需的优惠券文字。选择"¥20"文本图层，在"图层"面板下方单击"添加图层样式"按钮 fx，打开"图层样式"对话框，选择"描边"选项，在弹出的对话框中设置各项参数，其中"颜色"为黑色，然后单击"确定"按钮，如图 6-27 所示。

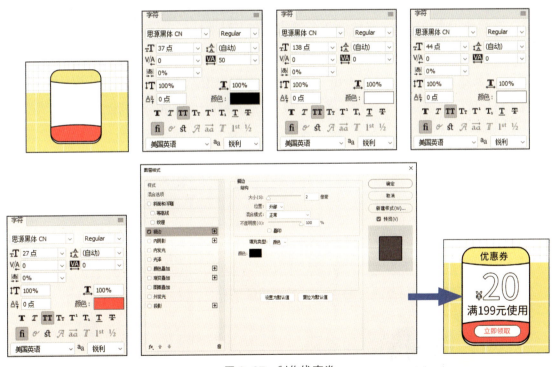

图 6-27　制作优惠券

步骤 10　在"图层"面板下方单击"创建新组"按钮 🗀，新建"20"图层组，将上一步制作好的优惠券图层放到该图层组中。连续按两次【Ctrl+J】组合键，得到图层组"20 拷贝"和"20 拷贝 2"，更改图层组中相应的文字，完成其他优惠券的制作，如图 6-28 所示。

图 6-28　制作其他优惠券

步骤 11　使用圆角矩形工具绘制两个圆角矩形形状，分别设置填充颜色为 RGB（247，57，97）和白色，"描边"颜色为黑色，"描边宽度"为 3 点，然后使用横排文字工具输入"划算节 优惠来袭"文字，如图 6-29 所示。

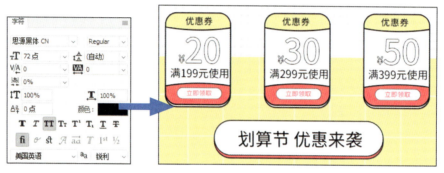

图 6-29　制作活动区域标题

步骤 12　继续使用圆角矩形工具绘制 3 个形状，在工具属性栏中设置"描边"颜色为黑色，"描边宽度"为 3 点。打开"素材文件 \ 第 6 章 \ 可爱童装网店首页设计 \10.jpg"，将其导入图像窗口中，单击"图层"|"创建剪贴蒙版"命令。在"图层"面板中单击"创建新的填充或调整图层"按钮 ●，选择"亮度 / 对比度"选项，在"属性"面板中设置各项参数，如图 6-30 所示。

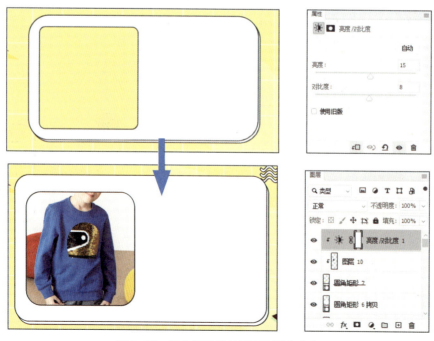

图 6-30　导入模特素材并调整图片亮度

步骤13 使用横排文字工具输入相应的文字，然后使用圆角矩形工具绘制两个圆角矩形按钮，分别设置填充颜色为RGB（248，233，142）和RGB（247，57，97），并分别输入文字"满199减20"和"立即购买"，如图6-31所示。

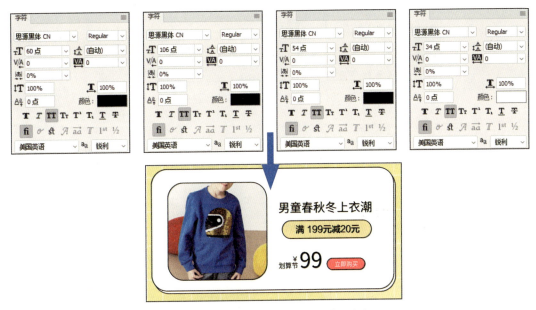

图6-31 绘制圆角矩形按钮并输入文字

步骤14 在"图层"面板下方单击"创建新组"按钮□，新建"商品"图层组，将制作好的促销商品图层放到该图层组中。连续按两次【Ctrl+J】组合键，复制该图层组，导入"素材文件\第6章\可爱童装网店首页设计\11.jpg、12.jpg"，然后修改商品信息，完成其他促销商品的制作，如图6-32所示。

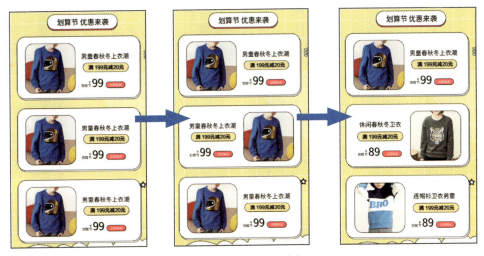

图6-32 制作其他促销商品

步骤15 选中"划算节 优惠来袭"标题文字的所有图层，按【Ctrl+J】组合键复制图层，使用移动工具将它们移至窗口下方，然后修改标题文字为"划算节 热卖产品"，如图6-33所示。

步骤16 在首页底部使用圆角矩形工具绘制3个矩形，打开"素材文件\第6章\可爱童装网店首页设计\13.jpg"，将其导入图像窗口中。单击"图层"|"创建剪贴蒙版"命令，使导入的模特素材正好装入所绘制的矩形中。使用横排文字工具输入文字，并在"字符"面板中设置文字属性，然后使用圆角矩形工具绘制按钮，如图6-34所示。

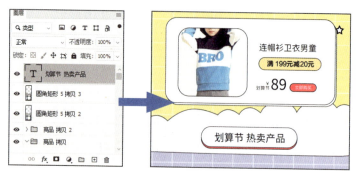

图 6-33　绘制圆角矩形并添加标题文字

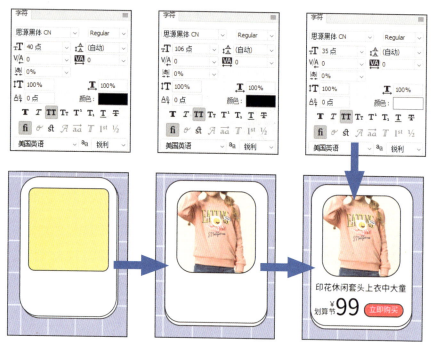

图 6-34　绘制圆角矩形并添加文字

步骤 17　在"图层"面板下方单击"创建新组"按钮◻️，新建"热卖产品"图层组，将制作好的热销商品图层放到该图层组中。按【Ctrl+J】组合键复制多个图层组，并将它们移至合适的位置，如图 6-35 所示。

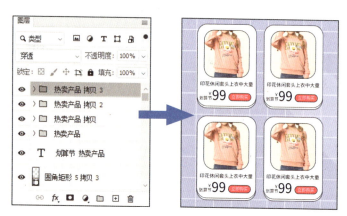

图 6-35　创建并复制图层组

步骤 18　导入"素材文件 \ 第 6 章 \ 可爱童装网店首页设计 \14.jpg、15.jpg、16.jpg"，更换商品图像并修改商品信息，如图 6-36 所示。

图 6-36 更换并修改商品信息

6.3 综合实训

打开"素材文件\第 6 章\综合实训",以女装网店商品模特图片为素材,设计网店首页。要求设计的首页能完美展示出网店的主推商品及网店的促销活动信息,能够清晰地反映商品的特色,页面色彩简洁、统一,突出夏季、自然等特征,如图 6-37 所示。

使用横排文字工具添加文字,使用矩形工具、自定形状工具绘制修饰图形作为文字修饰,使用椭圆工具制作优惠券,接着将素材导入页面并继续添加文字

使用矩形工具绘制矩形,设置填充颜色并添加"投影"图层样式。使用横排文字工具和竖排文字工具输入文字,使用矩形工具绘制矩形并填充颜色,最后导入商品图像和装饰素材

使用矩形工具绘制矩形,并导入商品图像,为商品图像创建剪贴蒙版,控制图像的显示范围。使用横排文字工具添加文字,使用矩形工具和椭圆工具绘制所需的修饰图形

图 6-37 女装网店首页

【课后练习】

设计一个男装网店的首页，要求能够全面展示该品牌男装的特点，制作店招、导航、首焦轮播区、分类标题和广告商品区，页面要大气、简洁，能够显示高档感，如图6-38所示。

视频

课后练习

图6-38　男装网店首页

第 7 章
首页设计——箱包网店

➡ 学习目标

- 根据商品特点对网店首页的设计元素和风格进行定位，凸显出广告商品，延长买家在网店中的停留时间，提高成交率。
- 根据箱包的消费群体和外形特点对网店首页的色彩、布局等进行搭配。
- 掌握箱包网店首页设计中的各种技术要点和操作技巧。

➡ 素养目标

- 提升动手实践能力，用图像技术讲好中国故事。

网店销售的商品不同，首页的设计风格也会有所区别。本章我们主要以设计箱包网店首页为例，详细介绍如何为时尚拉杆箱网店和女士箱包网店打造出非同凡响的首页效果。

7.1 课堂案例：时尚拉杆箱网店首页设计

本案例将为时尚拉杆箱网店设计首页，其中使用几何图形作为背景，并搭配云朵、降落伞等素材突出旅行的乐趣，具有很强的视觉冲击力，最终效果如图 7-1 所示。

7.1.1 设计理念

- 在首焦轮播区以几何图形作为背景，让图片显得协调而统一，搭配颇具设计感的标题文字布局，更好地突出网店的主题信息。
- 在商品陈列区，先使用 6 个广告图对重点商品进行展示，再对其他商品进行展示，使页面布局看上去更加灵活，并具有一定的设计感。
- 搭配黑色的文字来说明商品信息，整齐划一，简洁大气。

7.1.2 技术要点

- 为图片创建图层蒙版，对图像的显示进行控制。
- 利用"动感模糊"滤镜为图片添加模糊效果。
- 使用"羽化"命令羽化选区，制作商品投影效果。
- 使用形状工具绘制各种修饰形状。

7.1.3 实操演练

图 7-1　时尚拉杆箱网店首页

步骤 01　在 Photoshop CC 2020 中单击"文件"|"新建"命令，弹出"新建文档"对话框，设置图像大小为 1920 像素 ×5480 像素、背景色为白色，然后单击"创建"按钮，如图 7-2 所示。

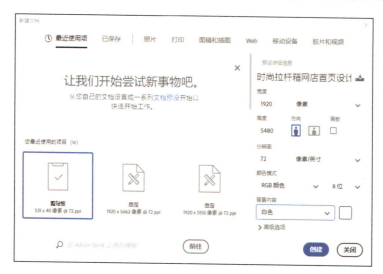

图 7-2　新建图像文件

步骤 02　单击"文件"|"打开"命令，打开"素材文件\第 7 章\时尚拉杆箱网店首页设计\01.jpg"，将店标图形移至图像窗口左上方，然后使用横排文字工具在店标右侧输入网店名称"LANKEN"，并在"字符"面板中设置文字属性，其中颜色为 RGB（77，77，77），如图 7-3 所示。

图 7-3　导入店标图形并输入文字

步骤 03　使用横排文字工具在相应的位置输入 "PURCHASE/ 加购送礼" "GUARANTEE/ 保修服务"
等文字，并在 "字符" 面板中设置各项参数。使用自定形状工具绘制所需的修饰图形，如图 7-4 所示。

图 7-4　输入文字并绘制修饰图形

步骤 04　使用矩形工具绘制导航，并填充颜色为 RGB（49，49，49），然后使用横排文字工具输
入导航文字，并在 "字符" 面板中设置各项参数，如图 7-5 所示。

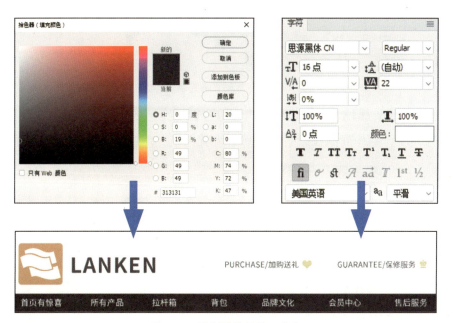

图 7-5　绘制导航并输入文字

步骤 05　使用矩形工具绘制一个矩形，然后打开 "素材文件\第7章\时尚拉杆箱网店首页设计\02.
jpg"，将其导入图像窗口中。在 "图层" 面板中，用鼠标右键单击该图像所在的图层，选择 "创建剪
贴蒙版" 命令，使导入的素材图像正好装入所绘制的矩形中，如图 7-6 所示。

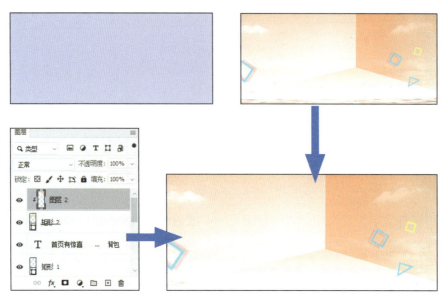

图 7-6　导入素材文件并创建剪贴蒙版

步骤 06　打开"素材文件 \ 第 7 章 \ 时尚拉杆箱网店首页设计 \03.png"，将其导入图像窗口中。在"图层"面板下方单击"创建新图层"按钮，得到"图层 4"。使用椭圆选框工具绘制一个椭圆选区，单击"选择" |"修改" |"羽化"命令，在弹出的对话框中设置羽化值，然后单击"确定"按钮，如图 7-7 所示。

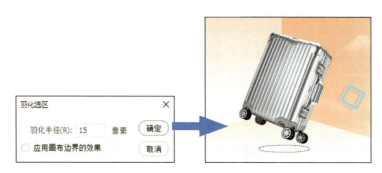

图 7-7　导入素材文件并羽化选区

步骤 07　设置前景色为黑色，按【Alt+Delete】组合键填充选区。在"图层"面板中设置"图层 4"的"不透明度"为 50%，制作商品投影效果，然后将其拖至"图层 3"的下方，如图 7-8 所示。

图 7-8　制作商品投影效果

步骤 08　使用横排文字工具在商品左侧输入所需的文字，并在"字符"面板中分别设置文字属性，其中字体颜色分别为 RGB（236，105，65）、RGB（46，161，247）、黑色和黑色，如图 7-9 所示。

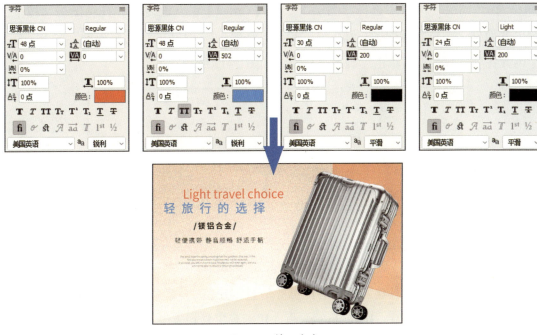

图 7-9 输入文字

步骤 09 使用直线工具和圆角矩形工具绘制修饰图形,使用横排文字工具输入价格和"立即购买"等文字,并在"字符"面板中分别设置文字属性,如图 7-10 所示。

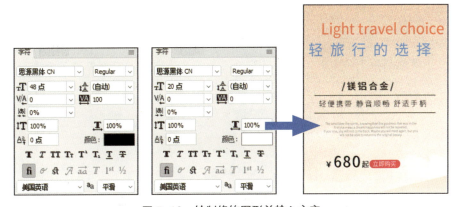

图 7-10 绘制修饰图形并输入文字

步骤 10 打开"素材文件\第 7 章\时尚拉杆箱网店首页设计\04.png",将其导入图像窗口中。单击"滤镜"|"模糊"|"动感模糊"命令,在弹出的对话框中设置各项参数,然后单击"确定"按钮,如图 7-11 所示。

图 7-11 添加"动感模糊"滤镜

步骤 11 在"图层"面板中选择"图层 3"，按【Ctrl+J】组合键复制拉杆箱图像，按【Ctrl+T】组合键调出变换框，调整图像的大小和位置。单击"滤镜"|"模糊"|"动感模糊"命令，在弹出的对话框中设置各项参数，然后单击"确定"按钮，如图 7-12 所示。

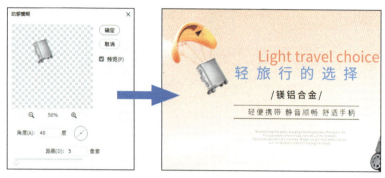

图 7-12 复制图层并添加"动感模糊"滤镜

步骤 12 使用横排文字工具输入所需的优惠券信息，并在"字符"面板中对文字属性进行设置，其中标题文字颜色为 RGB（221，164，113），再使用矩形工具和直线工具绘制形状对文字进行修饰，如图 7-13 所示。

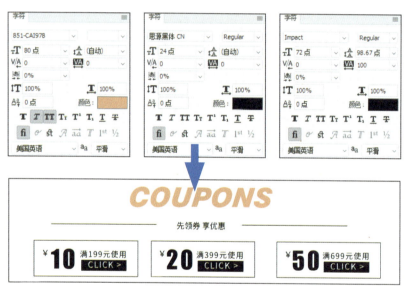

图 7-13 制作优惠券区域

步骤 13 导入"素材文件 \ 第 7 章 \ 时尚拉杆箱网店首页设计 \05.jpg"，使用矩形工具绘制两个矩形，并将其填充为不同的颜色，色值分别为黑色和 RGB（255，208，166），如图 7-14 所示。

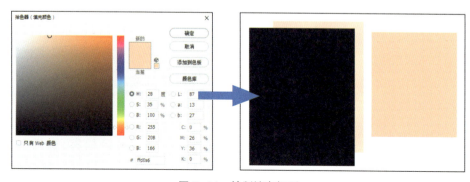

图 7-14 绘制填充矩形

步骤 14　单击"图层"面板下方的"创建新图层"按钮⊕，新建"图层 7"。选择椭圆选框工具，在其工具属性栏中设置"羽化"为 50 像素，绘制一个圆形选区并填充白色，然后在"图层"面板中设置其"不透明度"为 60%，如图 7-15 所示。

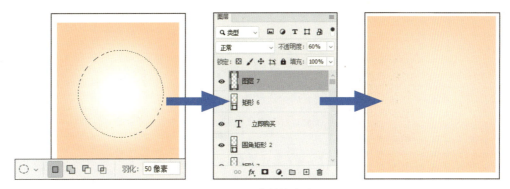

图 7-15　羽化并填充选区

步骤 15　打开"素材文件\第 7 章\时尚拉杆箱网店首页设计\06.png、07.jpg"，将它们导入图像窗口中。在"图层"面板中，用鼠标右键单击该图像所在的图层，选择"创建剪贴蒙版"命令，为其创建剪贴蒙版。使用横排文字工具输入所需的文字，然后使用圆角矩形工具和矩形工具绘制修饰图形，如图 7-16 所示。

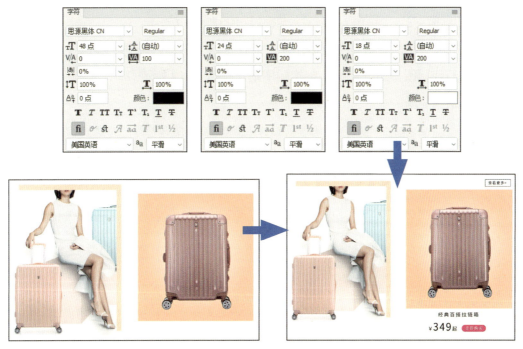

图 7-16　输入文字并绘制修饰图形

步骤 16　采用同样的方法，继续使用圆角矩形工具、矩形工具绘制所需的形状。导入"素材文件\第 7 章\时尚拉杆箱网店首页设计\08.png~12.png"，并使用横排文字工具在合适的位置输入相应的商品促销文字，如图 7-17 所示。

步骤 17　使用矩形工具绘制两个矩形，并分别填充颜色为 RGB（221，164，113）、RGB（255，208，166）。使用横排文字工具输入标题文字，在"字符"面板中设置各项参数，然后使用矩形工具绘制标题的修饰图形，如图 7-18 所示。

图 7-17　导入素材并输入商品促销文字

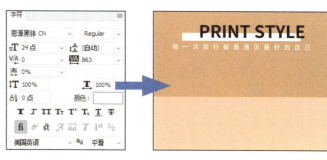

图 7-18　输入标题文字并绘制修饰图形

步骤 18　选择矩形工具，绘制多个矩形，使用横排文字工具输入标题文字，并在"字符"面板中设置各项参数，然后使用圆角矩形工具绘制按钮图形，如图 7-19 所示。

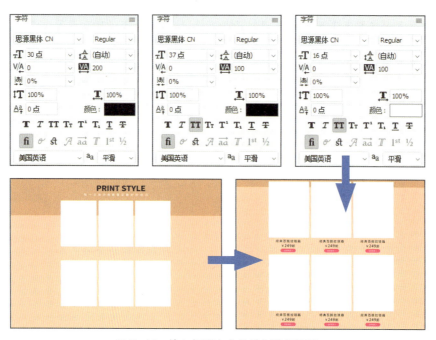

图 7-19　输入标题文字并绘制按钮图形

步骤 19　打开"素材文件\第 7 章\时尚拉杆箱网店首页设计\13.png~18.png"，将它们导入图像窗口中，按【Ctrl+T】组合键调出变换框，调整图像的大小和位置，最终效果如图 7-20 所示。

图 7-20　最终效果

7.2　课堂案例：女式箱包网店首页设计

本案例将为秋季上新女式箱包网店设计首页，页面主要以商品展示为主，通过黄色、橙色等修饰元素来烘托商品复古、时尚的风格，同时在色彩搭配上突出时尚、活力，最终效果如图 7-21 所示。

视　频

女式箱包网店首页设计

图 7-21　女式箱包网店首页

▶ 7.2.1 设计理念

• 在配色上使用黄色作为页面背景色，使用橙色作为点缀色。鲜亮的配色给人以纯粹的感觉，将商品时尚、复古的特质展现得恰到好处。

• 首焦轮播区通过颇具设计感的标题文字布局吸引买家的视线，搭配简约的女包商品图像，让买家一眼就能看到网店销售的主要商品，从而充分地传递出网店信息。

• 商品陈列区通过不同的商品布局让页面显得协调而不单一，激发买家进一步深入了解商品的欲望。

▶ 7.2.2 技术要点

• 使用钢笔工具绘制不规则形状作为修饰元素。

• 创建剪贴蒙版，控制图像的显示区域。

• 使用自定形状工具绘制心形形状和五角星形状。

▶ 7.2.3 实操演练

步骤 01 在 Photoshop CC 2020 中单击"文件"|"新建"命令，弹出"新建文档"对话框，设置图像大小为 1920 像素 ×5780 像素、背景色为白色，然后单击"创建"按钮，如图 7-22 所示。

图 7-22　新建图像文件

步骤 02 打开"素材文件\第 7 章\女式箱包网店首页设计\01.jpg"，将其导入页面顶部的左侧位置，按【Ctrl+T】组合键调出变换框，调整店标的大小。选择横排文字工具，在导入的店标右侧输入文字，并在"字符"面板中对文字属性进行设置，如图 7-23 所示。

图 7-23　导入店标图像并输入文字

步骤 03　使用横排文字工具在店招的右侧输入文字，并在"字符"面板中对文字属性进行设置，然后使用自定形状工具绘制心形形状和五角星形状，如图 7-24 所示。

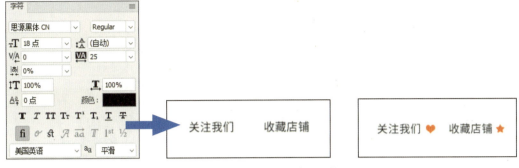

图 7-24　输入文字并绘制形状

步骤 04　使用矩形工具在店招下方绘制矩形作为导航背景，并填充颜色为 RGB（235，97，0）。使用横排文字工具输入导航文字，并在"字符"面板中对文字属性进行设置，如图 7-25 所示。

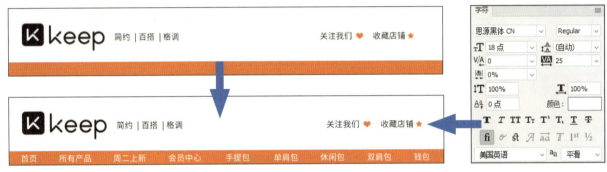

图 7-25　制作导航

步骤 05　使用矩形工具绘制一个矩形，打开"素材文件 \ 第 7 章 \ 女式箱包网店首页设计 \02.jpg"，将其导入图像窗口中。单击"图层"|"创建剪贴蒙版"命令，使商品图像正好装入绘制的矩形中，作为首焦轮播区的背景图片，如图 7-26 所示。

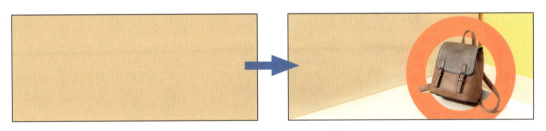

图 7-26　导入素材并创建剪贴蒙版

步骤 06　使用横排文字工具输入文字，并在"字符"面板中设置文字属性，其中文字颜色分别为 RGB（78，42，16）和白色。按【Ctrl+T】组合键调出变换框并用鼠标右键单击，选择"斜切"命令，调整文字的角度。使用直线工具、钢笔工具、自定形状工具绘制修饰图形，并填充颜色为 RGB（235，97，0），如图 7-27 所示。

步骤 07　使用横排文字工具输入文字，并在"字符"面板中设置文字属性。使用矩形工具绘制优惠券背景，然后使用直线工具，在其工具属性栏中设置各项参数，绘制虚线作为修饰图形，如图 7-28 所示。

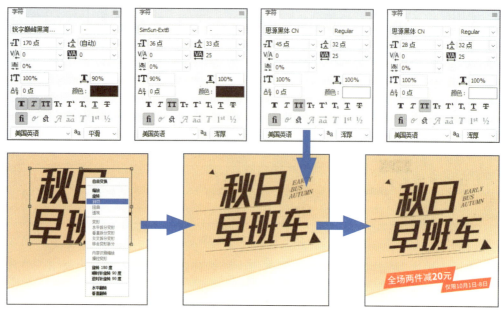

图7-27　输入文字并绘制修饰图形

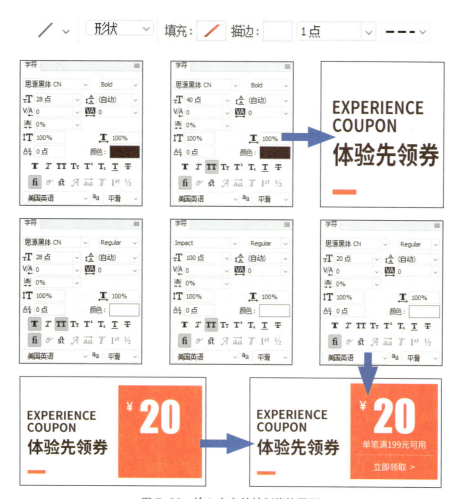

图7-28　输入文字并绘制修饰图形

步骤08　在"图层"面板下方单击"创建新组"按钮▢，新建"20元"图层组，将商品素材图像与相关的文本图层添加到图层组中。复制图层组，调整其位置，更换图层组中的文字，完成其他优惠券的制作，如图7-29所示。

图 7-29　制作优惠券

步骤09　使用横排文字工具在优惠券下方中间位置输入文字，并在"字符"面板中设置文字属性，如图 7-30 所示。

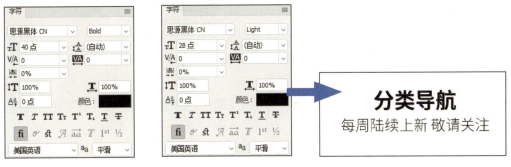

图 7-30　输入文字并设置文字属性

步骤10　使用钢笔工具绘制一个不规则图形，填充颜色为 RGB（242，198，77），然后使用矩形工具绘制多个矩形。打开"素材文件 \ 第 7 章 \ 女式箱包网店首页设计 \03.jpg~05.jpg"，将它们分别导入图像窗口中。单击"图层"|"创建剪贴蒙版"命令，为其创建剪贴蒙版，使其正好装入绘制的矩形中，如图 7-31 所示。

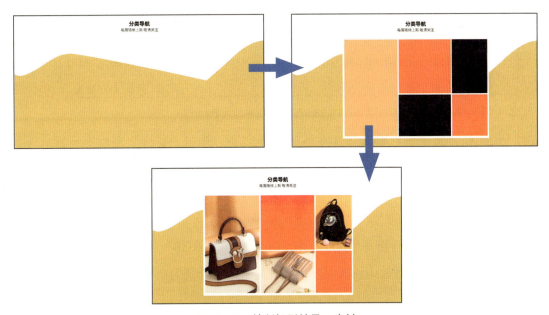

图 7-31　绘制矩形并导入素材

步骤11　使用横排文字工具输入所需的文字，并在"字符"面板中设置文字属性，然后使用圆角矩形工具绘制"立即购买"按钮，并设置合适的填充颜色，如图 7-32 所示。至此，商品分类信息制作完成。

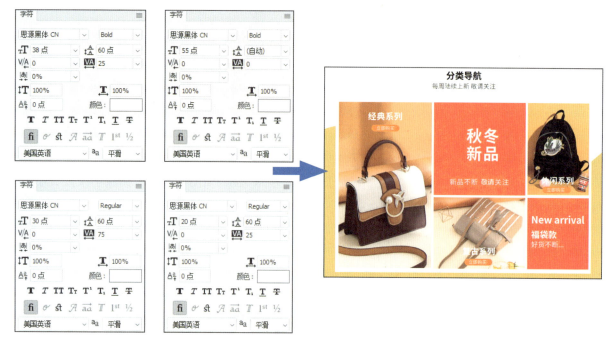

图 7-32　制作商品分类信息

步骤12　使用直线工具在商品导航下方位置绘制虚线，然后使用矩形选框工具绘制一个矩形选区，按住【Alt】键的同时单击"图层"面板下方的"添加图层蒙版"按钮，隐藏部分图像。打开"素材文件\第7章\女式箱包网店首页设计\06.jpg"，将其导入图像窗口中，如图 7-33 所示。

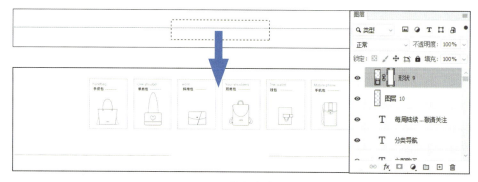

图 7-33　绘制虚线并导入素材

步骤13　使用横排文字工具输入热卖专区的标题文字，并在"字符"面板中设置文字属性。使用矩形工具绘制一个矩形，打开"素材文件\第7章\女式箱包网店首页设计\07.jpg"，将其导入图像窗口中。单击"图层"|"创建剪贴蒙版"命令，为其创建剪贴蒙版，使其正好装入绘制的矩形中，如图 7-34 所示。

步骤14　选择钢笔工具，绘制一个标签形状，填充颜色为 RGB（255，111，47）。使用横排文字工具输入文字，并在"字符"面板中设置文字属性，其中颜色分别为白色、RGB（78,42,16）和黑色，如图 7-35 所示。

步骤15　使用矩形工具绘制两个矩形，然后打开"素材文件\第7章\女式箱包网店首页设计\08.jpg"，将其导入图像窗口中。用鼠标右键单击该图像所在的图层，选择"创建剪贴蒙版"命令，为其创建剪贴蒙版，使其正好装入较小的矩形中。使用横排文字工具和直排文字工具在图像上输入文字，并在"字符"面板中设置文字属性,然后使用圆角矩形工具绘制按钮,如图 7-36 所示。

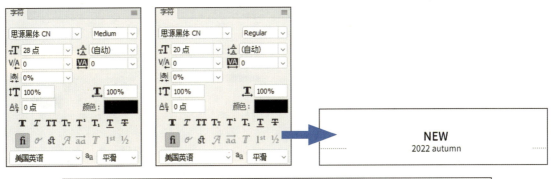

图 7-34　输入文字并导入素材

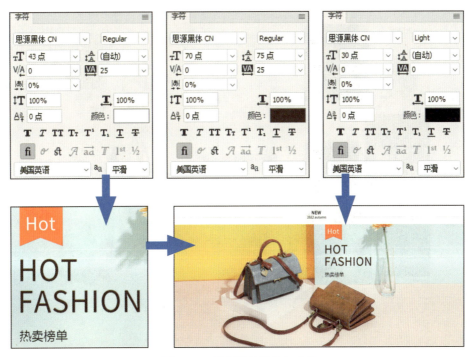

图 7-35　绘制形状并输入文字

步骤 16　采用同样的方法绘制其他矩形,然后输入商品信息。打开"素材文件\第 7 章\女式箱包网店首页设计\09.jpg~13.jpg",将它们导入图像窗口中,按【Ctrl+T】组合键调出变换框,调整图像的大小和位置,最终效果如图 7-37 所示。

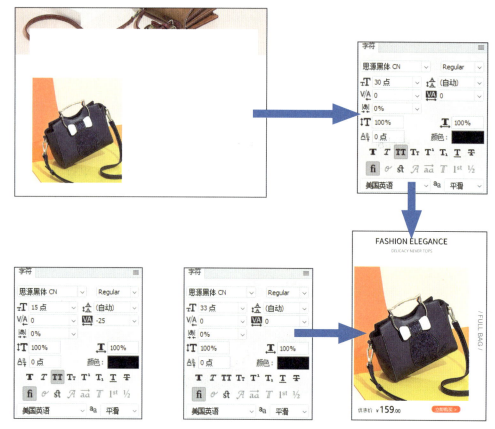

图 7-36　创建剪贴蒙版并输入文字

图 7-37　绘制矩形并导入素材

7.3 综合实训

　　打开"素材文件\第 7 章\综合实训"，以精品女包网店商品图片为素材，设计网店首页，制作店招、导航、首焦轮播区、优惠券、商品分类区和爆款推荐区，要求页面效果大气、精致、简约，如图 7-38 所示。

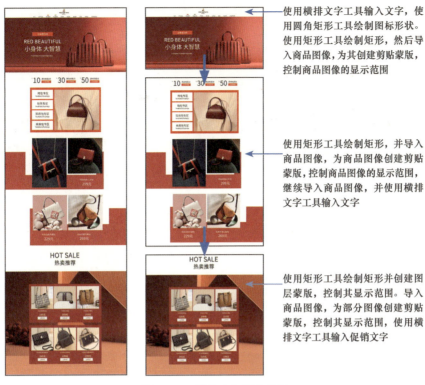

使用横排文字工具输入文字，使用圆角矩形工具绘制图标形状。使用矩形工具绘制矩形，然后导入商品图像，为其创建剪贴蒙版，控制商品图像的显示范围

使用矩形工具绘制矩形，并导入商品图像，为商品图像创建剪贴蒙版，控制商品图像的显示范围，继续导入商品图像，并使用横排文字工具输入文字

使用矩形工具绘制矩形并创建图层蒙版，控制其显示范围。导入商品图像，为部分图像创建剪贴蒙版，控制其显示范围，使用横排文字工具输入促销文字

图 7-38 精品女包网店首页

【课后练习】

设计一个拉杆箱网店的首页，要求设计简约、大气，使用黑色作为背景色，使用黄色为点缀色，制作出时尚、高贵的页面效果，着重表现拉杆箱的品质，提升商品的档次，如图 7-39 所示。

视 频

课后练习

图 7-39 拉杆箱网店首页

第8章
商品详情页设计

➡ **学习目标**

- 了解商品详情页设计的重要性。
- 了解商品详情页的设计思路。
- 能够抓住不同商品的特点设计出别具一格的商品详情页。

➡ **素养目标**

- 学会通过自己的作品诠释"不忘本来、吸收外来、面向未来"。
- 把热爱祖国、热爱人民、热爱传统文化的思想融入设计中。

　　商品详情页是整个网店的亮点和聚焦点,通常情况下买家在网购时是看了商品详情页之后再下单购买的。一个充满设计感的商品详情页能够激发买家的消费欲望,促使其快速下单购买,由此可见商品详情页设计的重要性与必要性。本章将详细介绍商品详情页的设计方法与技巧。

8.1 商品详情页及其设计思路

在网店营销中有这样一种说法：看似是在卖商品，其实是在卖意境。这句话传递的信息就是：不是告诉买家某个商品如何使用，而是说明这个商品在什么情况下使用会起到什么样的效果，营造出一种意境，由此促使买家下单。影响这种意境形成的重要因素就是商品详情页的设计。

8.1.1 认识商品详情页

商品详情页是所有网店营销的落地点。买家通过搜索商品进入网店，首先进入的就是商品详情页，在所有页面中有且仅有商品详情页承担着让买家完成下单购买的职责。买家在购买前会对商品详情页仔细看、反复看，甚至对比看，才决定是否咨询卖家、是否最终下单。如果商品详情页不能满足买家的需求，不能解决买家的实际问题，那么其他工作做得再好，都会功亏一篑。因此，无论是什么类型的网店，都需要对商品详情页进行重点设计。

商品详情页主要用于展示单个商品的细节信息，它的精致程度和设计感直接影响买家对商品的认知。图 8-1 所示分别为某服装和箱包网店的商品详情页及其配色方案，较好地呈现了商品的各种细节。

女装的色彩清新而淡雅，以雪纺居多，为了表现出雪纺轻盈、飘逸的特点，多使用白色作为背景色，形成雅致、清丽的视觉效果

商品细节中展示的钱包色彩为黑色，并且外形较为硬朗，因此在设计商品详情页时使用与其色彩反差较大的黄色进行搭配，并将钱包放大，直观地展现各种细节

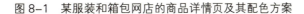

图 8-1　某服装和箱包网店的商品详情页及其配色方案

➡ 8.1.2 商品详情页的设计思路

商品详情页设计得是否有足够的吸引力、是否深入人心是影响买家是否下单的重要因素。实拍商品是最基本的要求，要让买家觉得这家网店的商品质量是完全可以信赖的。在很多时候，卖家在商品详情页的开始就会对商品进行详细的说明，如图8-2所示。

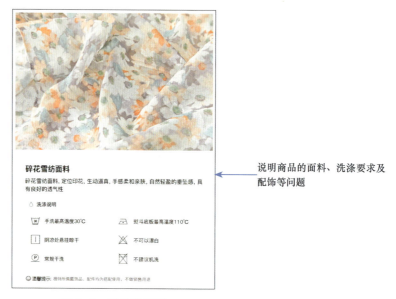

说明商品的面料、洗涤要求及配饰等问题

图8-2　商品详情页

对于单个商品页面的设计而言，商品信息的编辑与设计尤为重要。如果没有精彩的文案与精致的设计，那么再好的商品也无法打动买家的心。商品图像和商品信息通过精心的设计排版，能使商品详情页更加美观，从而更具吸引力。

除了展示商品本身的外观、性能等细节外，商品详情页中还可以直观地展示网店内的优惠打折信息，如"折扣""买一送一""搭配促销""优惠券"等，如图8-3所示。适当地添加一些附加信息可以让网店和商品的展示更加真实和完整，从而提高页面转化率。

图8-3　展示优惠打折信息

在商品详情页中，为了让买家真实地体验到商品的实际效果，通常需要设计"使用感受""尺码标示"和"商品细节"等内容。由于对商品的不同描述需要在同一个页面中展示，所以在设计中要注意把握好页面的整体风格。在有必要的情况下，可以使用风格一致的标题栏对每组信息进行分类显示，这样买家能够一目了然地浏览信息。

图8-4所示为某品牌服装网店的商品详情页，其中包含了"尺码数据"和"试穿体验"等大量

的商品信息，通过表格的形式让商品信息更加直观。

　　商品的规格、颜色、尺寸、库存等虽然很容易介绍清楚，但是设计不好会显得非常死板。通过一件商品的描述可以看出整个网店的营销水平。对于商品的描述，第一部分写什么、第二部分写什么、什么时候添加文字、什么时候进行插图都是需要设计者认真研究与分析的。图 8-5 所示为通常情况下商品详情页的信息摆放顺序。

图 8-4　某品牌服装网店的商品详情页

图 8-5　通常情况下商品详情页的信息摆放顺序

8.2　课堂案例：零食网店商品详情页设计

　　本案例制作的是零食网店商品详情页。页面中的开心果颜色为高明度的浅色系，所以以黄色和灰绿色作为背景色，通过从不同角度展示、突出细节的方式来表现商品，并用简单的文字进行说明，最终效果如图 8-6 所示。

视 频

零食网店商品
详情页设计

图 8-6　零食网店商品详情页

8.2.1 设计理念

- 商品开心果的颜色为高明度的米白色，所以首焦海报的颜色选择了饱和度较高的黄色渐变色进行搭配，背景色选择灰绿色，产生活泼、清新的视觉效果。
- 采用错落有致的图像放置方法，让页面版式显得灵活多变，富有设计感。
- 使用矩形对每组商品细节进行分割，使买家能够更加直观、准确地了解商品信息。

8.2.2 技术要点

- 使用矩形工具绘制出页面中所需的矩形。
- 使用"投影"图层样式为海报文字添加投影效果。
- 使用图层蒙版来控制图像的显示范围。

8.2.3 实操演练

步骤 01 在 Photoshop CC 2020 中单击"文件"|"新建"命令，弹出"新建文档"对话框，设置图像大小为 750 像素 × 4280 像素、背景色为白色，然后单击"创建"按钮。打开"素材文件 \ 第 8 章 \ 零食网店商品详情页设计 \01.jpg"，将其导入图像窗口中，如图 8-7 所示。

图 8-7　新建图像文件

步骤 02 打开"素材文件 \ 第 8 章 \ 零食网店商品详情页设计 \02.png"，将其导入图像窗口中，按【Ctrl+J】组合键复制图像，按【Ctrl+T】组合键调出变换框并用鼠标右键单击，选择"水平翻转"命令，然后调整图像的位置，如图 8-8 所示。

图 8-8　复制并翻转图像

步骤 03 打开"素材文件 \ 第 8 章 \ 零食网店商品详情页设计 \03.png、04.png"，将它们导入图像窗口中，按【Ctrl+T】组合键调出变换框，适当调整图像的大小和位置。选择椭圆工具，设置填充颜色为 RGB（135，72，34），绘制一个椭圆，在其"属性"面板中设置"羽化"为 18.0 像素，并将该图层移到"图层 4"下方，为商品添加投影效果，如图 8-9 所示。

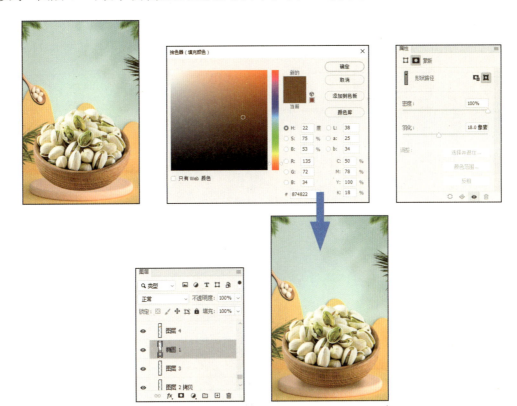

图 8-9　导入素材并添加投影效果

步骤 04　选择横排文字工具，在图像上方位置单击并输入所需的文字，在"字符"面板中设置文字属性，其中颜色为白色和 RGB（77，128，99），并使用圆角矩形工具绘制圆角矩形，对文字进行修饰，如图 8-10 所示。

图 8-10　输入文字并绘制圆角矩形

步骤 05 选择"原色开心果"文本图层，单击"图层"|"图层样式"|"投影"命令，在弹出的"图层样式"对话框中设置各项参数，然后单击"确定"按钮。选中"原色开心果"文本图层并用鼠标右键单击，选择"拷贝图层样式"命令，然后选中"「笑口常开」"和"您的精彩从这开始"文本图层并用鼠标右键单击，选择"粘贴图层样式"命令，为文字添加投影效果，如图 8-11 所示。

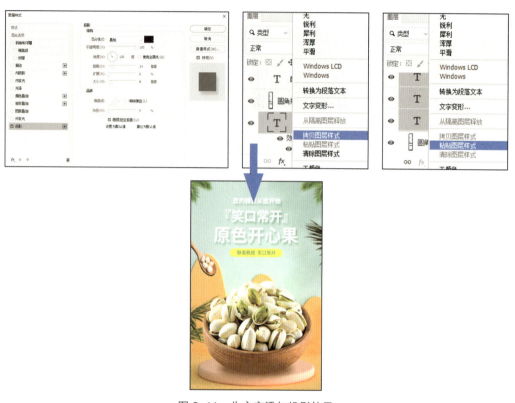

图 8-11　为文字添加投影效果

步骤 06 使用矩形工具在图像窗口中绘制一个矩形，并填充渐变色为 RGB（250，203，71）到 RGB（255，223，119），然后打开"素材文件 \ 第 8 章 \ 零食网店商品详情页设计 \05.png"，将其导入图像窗口中，如图 8-12 所示。

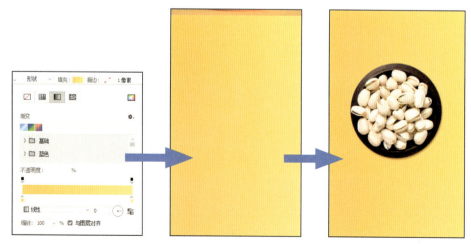

图 8-12　绘制矩形并导入素材

步骤 07 选择横排文字工具，在图像上方输入所需的产品信息文字，在"字符"面板中设置文字属性，然后使用直线工具绘制直线，如图 8-13 所示。

图 8-13　输入产品信息文字

步骤 08　使用矩形工具在图像窗口中绘制一个矩形，并填充颜色为 RGB（187，228，210）。选择横排文字工具，输入所需的文字。继续绘制一个矩形，在其工具属性栏中设置描边颜色为白色、描边宽度为 5 点，如图 8-14 所示。

图 8-14　绘制矩形并输入文字

步骤 09　打开"素材文件 \ 第 8 章 \ 零食网店商品详情页设计 \06.jpg"，将其导入图像窗口中。单击"图层"|"创建剪贴蒙版"命令，使导入的素材图像正好装入所绘制的矩形中，按【Ctrl+T】组合键调出变换框，适当调整图像的大小和位置，如图 8-15 所示。

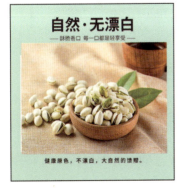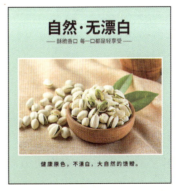

图 8-15　导入素材并创建剪贴蒙版

步骤 10　使用矩形工具在图像窗口中绘制矩形，并填充渐变色为 RGB（250，203，71）到 RGB

（255，223，119）。选择横排文字工具，输入所需的标题文字。绘制一个矩形，在其工具属性栏中设置描边颜色为白色、描边宽度为5点。导入"素材文件\第8章\零食网店商品详情页设计\07.jpg"，按【Ctrl+Alt+G】组合键创建剪贴蒙版，如图8-16所示。

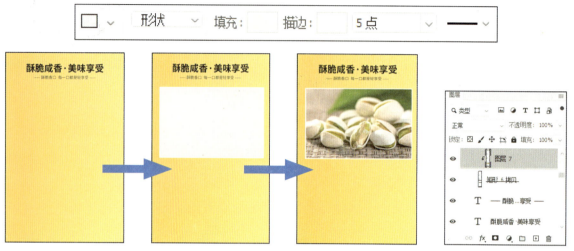

图 8-16　绘制矩形并导入素材

步骤 11　使用矩形工具绘制一个矩形，并填充颜色为RGB（187，228，210），在"图层"面板中设置该形状图层的"不透明度"为90%。选择横排文字工具和直排文字工具，输入所需的文字，并在"字符"面板中设置各项参数，如图8-17所示。

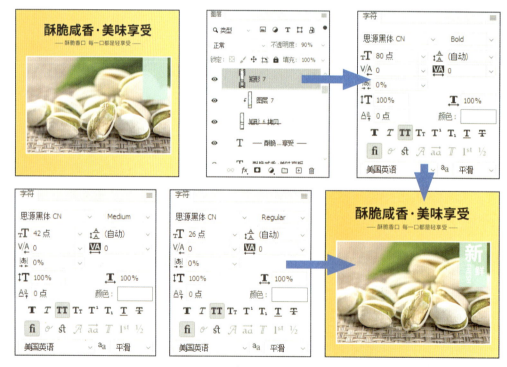

图 8-17　绘制矩形并输入文字

步骤 12　在"图层"面板下方单击"创建新组"按钮，新建"细节"图层组，将制作好的商品细节图层放到该图层组中。复制该图层组，导入"素材文件\第8章\零食网店商品详情页设计\08.jpg"，然后修改文字信息，最终效果如图8-18所示。

图 8-18　导入素材并修改文字信息

8.3　课堂案例：数码网店商品详情页设计

　　本案例将制作数码网店的商品详情页。在制作过程中，利用灰度图像和彩色图像进行配色，色彩之间的差异更加凸显商品形象，同时搭配相关的文字信息，呈现出完整的商品视觉效果，如图 8-19 所示。

8.3.1　设计理念

　　● 在色彩搭配上，选择以蓝色作为页面背景，用浅蓝色块来修饰。

　　● 使用"渐变叠加"图层样式修饰装饰形状，起到聚焦视线的作用。

　　● 文字的编排别具一格，有让人眼前一亮的感觉，便于买家与商品产生情感共鸣。

8.3.2　技术要点

　　● 使用"字符"面板设置文字属性。

　　● 利用图层蒙版控制修饰图形的显示。

　　● 使用矩形工具、圆角矩形工具、椭圆工具与直线工具绘制装饰形状。

图 8-19　数码网店商品详情页

8.3.3　实操演练

　　步骤 01　在 Photoshop CC 2020 中单击"文件"|"新建"命令，弹出"新建文档"对话框，设置图像大小为 750 像素 × 5300 像素、背景色为白色，然后单击"创建"按钮，如图 8-20 所示。

图 8-20　新建图像文件

步骤 02　使用矩形工具绘制一个矩形，打开"素材文件 \ 第 8 章 \ 数码网店商品详情页设计 \01.jpg"，将其导入图像窗口中，单击"图层"|"创建剪贴蒙版"命令，使导入的素材图像正好装入所绘制的矩形中，如图 8-21 所示。

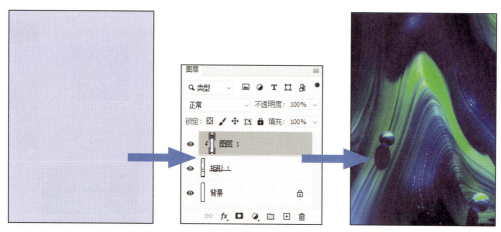

图 8-21　绘制矩形并导入素材图像

步骤 03　打开"素材文件 \ 第 8 章 \ 数码网店商品详情页设计 \02.png"，将其导入图像窗口中。单击"图层"|"图层样式"|"投影"命令，在弹出的对话框中设置各项参数，然后单击"确定"按钮，为耳机添加投影效果。使用横排文字工具输入文字，并在"字符"面板中设置文字属性，如图 8-22 所示。

步骤 04　使用矩形工具在图像窗口中绘制一个矩形作为背景，在其工具属性栏中设置填充渐变色为白色到 RGB（243，247，253）、渐变样式为"径向"。打开"素材文件 \ 第 8 章 \ 数码网店商品详情页设计 \03.png"，将其导入图像窗口中，如图 8-23 所示。

步骤 05　使用横排文字工具输入文字，并在"字符"面板中设置文字属性。选择"防汗水设计"图层，单击"图层"面板下方的"添加图层样式"按钮 _fx_，选择"渐变叠加"选项，在弹出的对话框中设置各项参数，其中渐变色为 RGB（1，65，180）到 RGB（2，234，255），然后单击"确定"按钮，如图 8-24 所示。

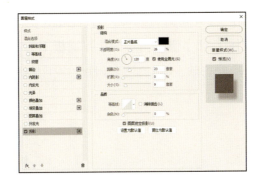

图 8-22　导入素材并输入文字

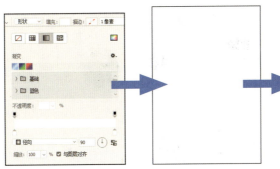

图 8-23　绘制矩形并导入素材

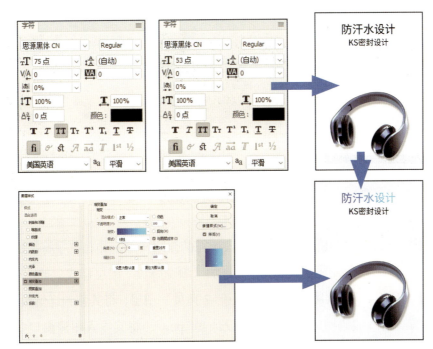

图 8-24　输入文字并添加图层样式

步骤 06 先使用矩形工具绘制一个矩形进行修饰，为其添加"渐变叠加"图层样式，再使用矩形选框工具绘制一个矩形选区，按住【Alt】键单击"图层"面板下方的"添加图层蒙版"按钮▣，隐藏部分图像。使用圆角矩形工具绘制形状，然后使用横排文字工具输入所需的文字，突出商品卖点，如图 8-25 所示。

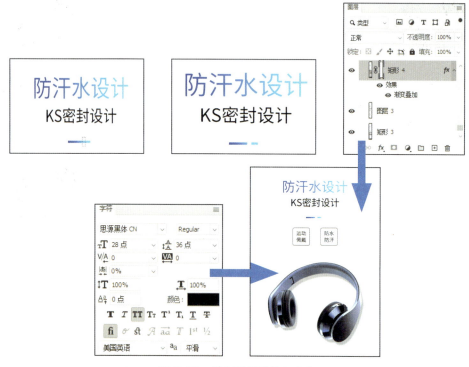

图 8-25　绘制形状并输入文字

步骤 07 使用矩形工具绘制一个矩形作为背景，在其工具属性栏中设置填充渐变色为 RGB（38，38，40）到 RGB（74，74，79），渐变样式为"线性"，旋转渐变为 -150。打开"素材文件\第 8 章\数码网店商品详情页设计\04.png"，将其导入图像窗口中，如图 8-26 所示。

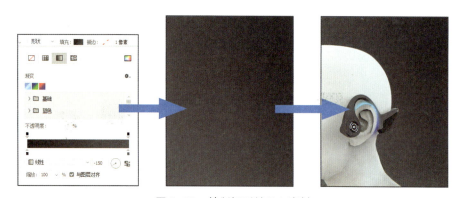

图 8-26　绘制矩形并导入素材

步骤 08 使用横排文字工具在图像窗口中输入所需的介绍文字，并在"字符"面板中设置文字属性，使用圆角矩形绘制一个装饰图形，然后为其添加"渐变叠加"图层样式，如图 8-27 所示。

步骤 09 复制"矩形 2"形状图层，得到"矩形 2 拷贝"图层，将其移到详情页的下方作为背景。打开"素材文件\第 8 章\数码网店商品详情页设计\05.png"，将其导入图像窗口中，使用横排文字工具输入所需的说明文字。使用圆角矩形工具、椭圆工具和直线工具绘制修饰图形，然后为它们添加"渐变叠加"图层样式,如图 8-28 所示。

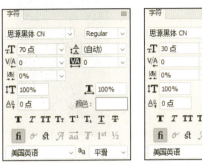 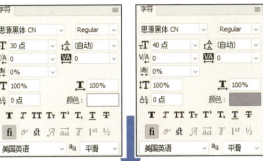 

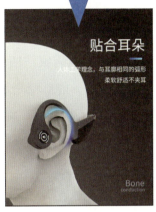

图 8-27　输入介绍文字并绘制装饰图形

 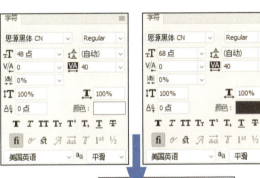 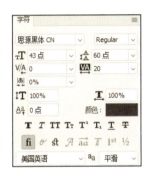

图 8-28　导入商品图像并输入说明文字

步骤10　打开"素材文件\第 8 章\数码网店商品详情页设计\06.jpg、07.jpg、08.jpg",将它们导入图像窗口中,使用横排文字工具输入标题文字,并在"字符"面板中设置文字属性。选择商品图像,单击"图像"|"调整"|"亮度/对比度"命令,在弹出的"亮度/对比度"对话框中设置各项参数,然后单击"确定"按钮,此时即可增强该图像的对比度,使颜色更加鲜艳,最终效果如图 8-29 所示。

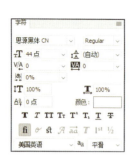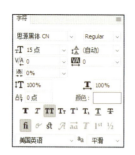

图 8-29　输入标题文字并调整图像对比度

8.4 综合实训

　　打开"素材文件\第 8 章\综合实训"，以某网店家纺四件套图片为素材设计网店商品详情页，除了全面地展示商品细节之外，商品信息要精练，能够清晰地反映商品的特点，同时页面设计与色彩搭配要凸显清新、大气的感觉，如图 8-30 所示。

使用横排文字工具输入文字，然后使用矩形工具绘制矩形作为文字修饰，接着将商品图像导入画面中

使用横排文字工具输入文字，并用圆角矩形修饰文字，导入商品图像，并添加图层蒙版

使用横排文字工具输入文字，导入商品图像，使用"曲线"调整图层对商品影调进行微调

导入商品图像，然后使用横排文字工具输入文字

图 8-30　家纺四件套商品详情页

8.5　技能扩展

前面的两个案例都是以淘宝网为平台对商品详情页进行设计与制作的，在京东平台上设计与制作商品详情页的方法与其大体相同，不同的是后者对商品详情页进行了大致的分类，分类以标签的形式显示出来，如图 8-31 所示。

图 8-31　京东的商品详情页

如果要在"商品介绍"选项卡中使用网站默认的标题栏对商品详情进行介绍，那么标题栏的后面会统一显示广告语和 Logo，设计者只需直接添加文字和图片即可，如图 8-32 所示。

图 8-32　显示广告语和 Logo

除了上面提到的对商品详情页的设置不同外，在京东上设计与制作商品详情页都可以参考淘宝的设计与制作方法，即利用图片、文字和修饰元素来说明商品的特点，从各个角度完美地呈现出商品的细节。

【课后练习】

设计一个男装网店的商品详情页，要求能够全面展示出男装的细节特点，并包含男装的详细参数信息，页面色彩要清爽、活泼，能给人一种清凉、舒适的感觉，整体效果要简洁、大方，如图 8-33 所示。

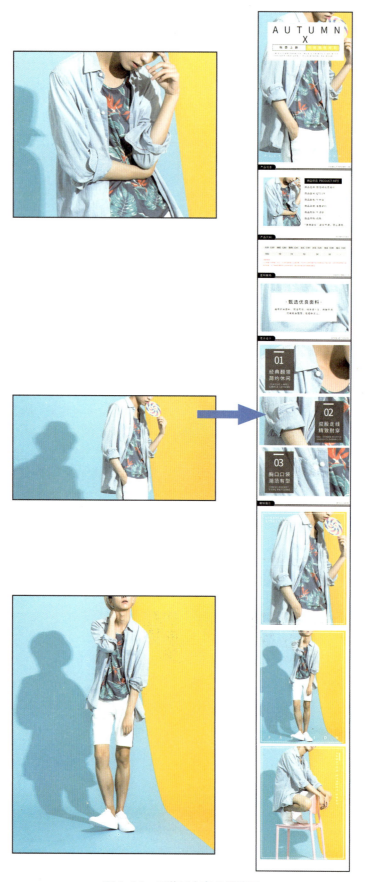

图 8-33　男装网店商品详情页

第 9 章
商品短视频制作

➡ **学习目标**

- 掌握修整视频素材的方法。
- 掌握添加视频字幕的方法。
- 掌握为视频添加滤镜和转场的方法。
- 掌握制作运动追踪动画的方法。
- 掌握添加音效的方法。
- 掌握导出视频的方法。

➡ **素养目标**

- 紧跟电子商务行业发展，锻炼实践操作能力。

目前，网店平台中的很多图文内容正在被更直观、更生动的短视频所取代。商品短视频能够让买家快速了解商品的特点、功能与品牌理念等，迅速吸引买家的兴趣，让其产生购买的意愿。本章将通过两个实训案例详细介绍利用会声会影制作商品主图视频和商品详情页视频的方法。

9.1 商品短视频的作用

商品短视频可以帮助卖家全方位地宣传商品，它替代了传统的图文表达形式，虽然只有短短的十几秒或几十秒的时间，却能让买家非常直观地了解商品的基本信息和设计亮点，多感官体验商品，从而节约买家进行咨询的时间，有助于让买家快速下单。商品短视频的主要作用如下。

1. 增强视听刺激，激发购买欲

商品短视频以影音结合的方式，用最小的篇幅和最短的时间将商品的重要信息呈现出来，通过增强视听刺激来激发买家的购买欲，如图 9-1 所示。

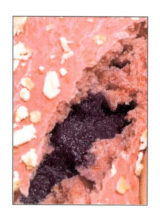

图 9-1 增强视听刺激

2. 多方位、多角度地展示商品的细节特征

网店通过短视频展示商品，可以真实地再现商品的外观、使用方法和使用效果等，比单纯的图片和文字更加令人信服，能够多方位、多角度地展示商品的细节特征，如图 9-2 所示。

图 9-2 展示商品的细节特征

3. 提供贴心、专业的服务

商品短视频除了可以展示商品信息外，还可以展示商品的使用方法与注意事项等，作为售后服务的一部分提供给买家，这样既解决了买家使用商品时遇到的问题，又能让买家感觉到卖家贴心、专业的服务，从而提升买家对网店的满意度和忠诚度。

4. 提高网店商品转化率

对于网店来说，商品转化率通常是指浏览网店并产生购买行为的人数与浏览网店总人数之间的比值。作为一种重要的商品展示新形式，商品短视频能够行之有效地推广商品，达到提高商品转化率的目的。前面所讲的商品短视频可以增强视听刺激，多方位、多角度地展示商品的细节特征，提供贴心、专业的服务等，其实都是为提高网店商品转化率服务的。

9.2 商品主图视频制作

主图视频是在网店主图位置所展示的短视频，以影音形式动态地呈现商品信息，能够在较短的时间内有效地提升买家对商品的认知与了解，促使其做出购买的决定。下面以制作香薰商品主图视频为例，介绍使用 PC 端视频编辑工具——会声会影 2020 制作商品主图视频的方法。

▶ 9.2.1 设置视频项目属性并导入素材

在会声会影中新建与保存项目，并将要用到的相关视频、音频等素材都添加到素材文件夹中，再将素材插入时间轴中，构建视频的初始形态，具体操作方法如下。

步骤 01　启动会声会影程序，单击"文件"|"新建项目"命令，即可新建项目，如图 9-3 所示。

步骤 02　按【Ctrl+S】组合键打开"另存为"对话框，选择保存位置，并输入文件名，然后单击"保存"按钮，即可保存项目，如图 9-4 所示。

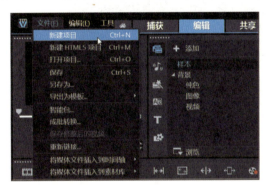

图 9-3　新建项目

图 9-4　保存项目

步骤 03　在"库"面板右下方单击"显示库面板"按钮 ，单击"添加"按钮 新建文件夹，并重命名文件夹为"主图视频"，然后在上方单击"导入媒体文件"按钮 ，如图 9-5 所示。

步骤 04　在弹出的"浏览媒体文件"对话框中找到素材文件所在的位置，选中所有要导入的素材文件，然后单击"打开"按钮，如图 9-6 所示。此时，即可将素材文件导入"主图视频"文件夹。

图 9-5　单击"导入媒体文件"按钮

图 9-6　选择素材文件

步骤 05　在"库"面板中拖动"视频 1"素材到时间轴面板的视频轨上，在弹出的提示信息框中单击"是"按钮，使项目设置与视频属性相匹配，如图 9-7 所示。

图 9-7　将视频素材拖至视频轨

步骤 06　将视频素材依次拖至视频轨上，将音频素材拖至声音轨上，如图 9-8 所示。视频轨中的视频素材将进行自动排列。

图 9-8　添加其他素材文件

视 频
修整素材

9.2.2 修整素材

对时间轴中的素材进行修整，包括调整音量、修剪素材，以及对视频素材进行变速处理，具体操作方法如下。

步骤 01　在时间轴面板中用鼠标右键单击音频素材，选择"调整音量"命令，如图 9-9 所示。

步骤 02　在弹出的"调整音量"对话框中设置音量值为 50（默认为 100），然后单击"确定"按钮，如图 9-10 所示。

图 9-9　选择"调整音量"命令

图 9-10　设置音量

步骤 03　在视频轨上选中"视频 6"素材，按住【Shift】键的同时向左拖动素材的结尾，提高素材的播放速度，如图 9-11 所示。

步骤 04　选中"视频 6"素材，向左拖动素材的结尾修剪素材，如图 9-12 所示。

图 9-11　调整素材播放速度

图 9-12　修剪素材

步骤 05　选中素材后在预览窗口中修剪素材，将滑块拖至要修剪的位置，单击"结束标记"按钮<kbd>】</kbd>，如图 9-13 所示。采用同样的方法对其他素材进行修剪。

步骤 06　用鼠标右键单击"视频 7"素材，选择"速度"|"变速"命令，如图 9-14 所示。

图 9-13　在预览窗口中修剪素材

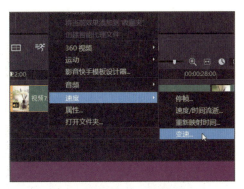

图 9-14　选择"变速"命令

步骤 07　弹出"变速"对话框，选中第 1 个关键帧，设置"速度"为 150，然后单击"确定"按钮，如图 9-15 所示。采用同样的方法设置"视频 8"素材变速效果。

图 9-15　设置变速效果

9.2.3　添加字幕

在短视频中添加商品信息字幕，具体操作方法如下。

步骤 01　在"库"面板左侧单击"标题"按钮<kbd>T</kbd>，在预览窗口中双击，如图 9-16 所示。

步骤 02　在预览窗口中输入所需的文字，如图 9-17 所示。

步骤 03　选中第 2 行文字，在"库"面板中单击右下方的"显示库和选项面板"按钮<kbd>▦</kbd>，在"标题选项"面板中单击"字体"按钮，然后设置字体、字号等格式，如图 9-18 所示。

视频

添加字幕

步骤 04 在预览窗口中选中文字，在"标题选项"面板中单击"阴影"按钮，选择阴影样式，然后设置相关阴影参数，如 X/Y 距离、下垂阴影色彩、透明度、柔化边缘等，如图 9-19 所示。

图 9-16 在预览窗口中双击

图 9-17 输入文字

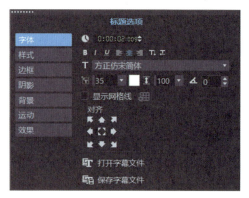

图 9-18 设置字体效果

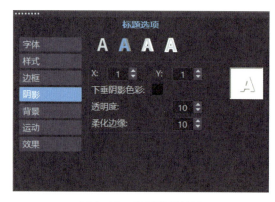

图 9-19 设置阴影效果

步骤 05 在"标题选项"面板中单击"背景"按钮，在"背景类型"选项下选中"单色背景栏"单选按钮，在"色彩设置"选项下选中"渐变"单选按钮，然后设置渐变颜色，设置"透明度"为 50，如图 9-20 所示。

步骤 06 在"标题选项"面板中单击"运动"按钮，选中"应用"复选框，在"选取动画类型"下拉列表框中选择"淡化"选项，然后在列表框中选择所需的淡化效果。在右侧"单位"下拉列表框中选择"行"选项，在"暂停"下拉列表框中选择"自定义"选项，如图 9-21 所示。

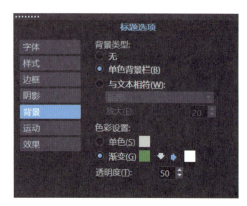

图 9-20 设置背景效果

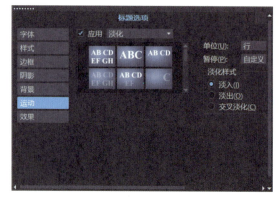

图 9-21 设置运动效果

步骤 07 在预览窗口中拖动滑块调整暂停区间，然后单击"播放"按钮▶预览字幕效果，如图 9-22 所示。

图 9-22　调整暂停区间

9.2.4　导出商品主图视频

商品主图视频制作完成后，可以快速导出视频。在导出视频时，应根据项目属性设置相应的配置文件，具体操作方法如下。

视　频

导出商品
主图视频

步骤01　在菜单栏中单击"设置"|"项目属性"命令，在弹出的"项目属性"对话框中查看项目属性设置，如图 9-23 所示，然后单击"确定"按钮。

步骤02　在导航栏中选择"共享"选项卡，选择"AVI"格式，单击"创建自定义配置文件"按钮，如图 9-24 所示。

图 9-23　查看项目属性

图 9-24　单击"创建自定义配置文件"按钮

步骤03　弹出"新建配置文件选项"对话框，选择"AVI"选项卡，在"压缩"下拉列表框中选择"MJPEG Compressor"选项，如图 9-25 所示。

步骤04　选择"常规"选项卡，在"帧类型"下拉列表框中选择"基于帧"选项，在"帧大小"选项区中选中"自定义"单选按钮，设置"宽度"为 750、"高度"为 1000，如图 9-26 所示。

图 9-25　设置"AVI"选项卡

图 9-26　设置"常规"选项卡

步骤 **05** 选择 "Corel VideoStudio" 选项卡，输入配置文件名称，然后单击 "确定" 按钮，如图 9-27 所示。

步骤 **06** 单击 "浏览" 按钮 📄，设置文件名和文件位置，然后单击 "开始" 按钮，即可导出视频，如图 9-28 所示。

图 9-27 输入配置文件名称

图 9-28 导出视频

9.2.5 按电商平台要求转换视频文件

使用会声会影导出的 AVI 格式的视频文件往往很大，会超过电商平台对视频大小的要求。使用 "格式工厂" 可以重新将文件转换为符合电商平台要求的视频文件，具体操作方法如下。

视 频

按电商平台要求
转换视频文件

步骤 **01** 安装并打开 "格式工厂" 程序，在左侧单击 "视频" 选项卡，在视频格式列表中单击 "MP4" 按钮，如图 9-29 所示。

图 9-29 单击 "MP4" 按钮

步骤 **02** 在弹出的 "MP4" 对话框中单击 "添加文件" 按钮，添加前面导出的商品主图视频文件，单击 "浏览" 按钮 📄，选择输出位置，然后单击 "输出配置" 按钮，如图 9-30 所示。

步骤 **03** 弹出 "视频设置" 对话框，在 "预设配置" 下拉列表框中选择 "最优化的质量和大小" 选项，如图 9-31 所示，然后依次单击 "确定" 按钮。

步骤 **04** 在工具栏中单击 "开始" 按钮，开始转换视频格式，如图 9-32 所示。转换完成后，打开文件输出位置，即可找到转换的视频文件。

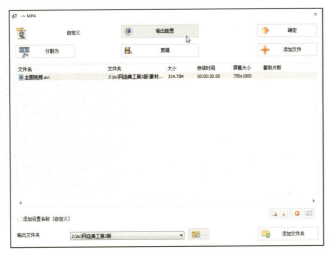

图 9-30 单击"输出配置"按钮

图 9-31 选择预设配置

图 9-32 单击"开始"按钮

9.3 商品详情页视频制作

在网店装修中，除了商品主图可以添加视频外，商品详情页中也可以添加视频。与商品主图视频的作用不同，商品详情页视频侧重于展示商品的细节、材质、用法等，对商品主图视频缺少部分的信息进行补充，呈现更完整的商品信息。下面以制作苏打气泡水机商品详情页视频为例，介绍商品详情页视频的制作方法。

9.3.1 设置视频项目属性并导入素材

在会声会影中创建素材文件夹，将要用到的相关图片、视频和音频等素材都添加到素材文件夹中，再将素材插入时间轴中，具体操作方法如下。

步骤 01 启动会声会影程序，按【Ctrl+N】组合键新建项目。按【Ctrl+S】组合键打开"另存为"对话框，选择保存位置并输入文件名，单击"保存"按钮保存项目，如图 9-33 所示。

步骤 02 在"库"面板左上方单击"添加"按钮➕新建文件夹，并重命名文件夹为"详情页视频"，然后在上方单击"导入媒体文件"按钮🔛，如图 9-34 所示。

视 频

设置视频项目属性并导入素材

图 9-33　保存项目

图 9-34　单击"导入媒体文件"按钮

步骤 03　在弹出的"浏览媒体文件"对话框中找到素材文件所在位置，选中所有要导入的素材文件，单击"打开"按钮，如图 9-35 所示。

步骤 04　在"库"面板中选中所有视频素材并用鼠标右键单击，选择"插入到"|"视频轨"命令，如图 9-36 所示。

图 9-35　导入素材文件

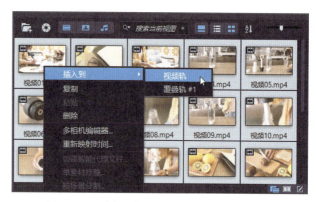

图 9-36　选择"插入到"|"视频轨"命令

步骤 05　将"背景音乐"音频素材导入声音轨中，如图 9-37 所示。

图 9-37　导入音频素材

9.3.2　修整素材

对时间轴中的素材进行修整，包括调整音量、设置视频素材变速、设置停帧素材，以及为素材添加自定义动作，具体操作方法如下。

视频

修整素材

步骤 01　用鼠标右键单击"背景音乐"素材，选择"调整音量"命令，在弹出的"调整音量"对话框中输入音量值，然后单击"确定"按钮，如图 9-38 所示。

步骤 02　在视频轨中用鼠标右键单击"视频 02"素材，选择"速度"|"变速"命令，如图 9-39 所示。

图 9-38　输入音量值

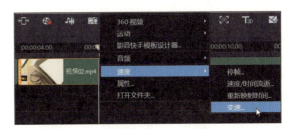
图 9-39　选择"速度"｜"变速"命令

步骤 03　在弹出的对话框中将播放头移至中间位置，单击"添加关键帧"按钮➕添加关键帧，设置第 1 个和第 2 个关键帧的速度分别为 300 和 200，然后单击"确定"按钮，第 2 个关键帧的速度如图 9-40 所示。采用同样的方法为其他视频素材设置变速效果。

图 9-40　设置视频素材变速

步骤 04　在视频轨上选中"视频 03"素材，按住【Shift】键的同时向右拖动素材的结尾，降低素材的播放速度为 90%，如图 9-41 所示。

步骤 05　将时间线定位到视频素材的最后 1 帧，然后用鼠标右键单击，选择"速度"|"停帧"命令，如图 9-42 所示。

图 9-41　调整视频素材播放速度

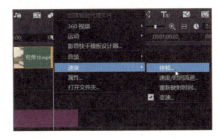
图 9-42　选择"速度"｜"停帧"命令

步骤 06　在弹出的对话框中设置停帧区间为 3 秒，然后单击"确定"按钮，如图 9-43 所示。

步骤 07　此时在视频轨的结尾添加停帧图片素材，选中该图片素材，如图 9-44 所示。

图 9-43　设置停帧区间

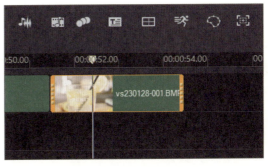
图 9-44　选中图片素材

步骤 08 将"详情图片"素材添加到"叠加 1"轨道上，然后在预览窗口中用鼠标右键单击图片，选择"适合高度"命令，调整图片大小，如图 9-45 所示。

步骤 09 在"叠加 1"轨道上用鼠标右键单击图片素材，选择"运动"|"自定义动作"命令，如图 9-46 所示。

图 9-45 选择"适合高度"命令

图 9-46 选择"运动"|"自定义动作"命令

步骤 10 将播放头移至第 20 帧位置，单击"添加关键帧"按钮 ，然后将播放头移至第 1 帧位置，设置"位置"选项中的 Y 参数为 -10，设置"阻光度"参数为 0，单击"确定"按钮，即可制作图片浮入动画，如图 9-47 所示。

图 9-47 制作图片浮入动画

9.3.3 添加滤镜效果

为素材添加滤镜，可以使素材效果更加丰富，实现各种特殊的效果。为图片素材添加"气泡"滤镜，具体操作方法如下。

视频

添加滤镜效果

步骤 01 在"库"面板左侧单击"滤镜"按钮 ，然后选择"特殊"类别，将"气泡"滤镜拖至"叠加 1"轨道中的图片素材上，如图 9-48 所示。

步骤 02 在时间轴面板中选中添加了滤镜的图片素材，打开"选项"面板，选择"效果"选项卡，选择"气泡"滤镜，单击"自定义滤镜"按钮 ，如图 9-49 所示。

步骤 03 在弹出的"气泡"对话框中，在时间线上选中左侧的第 1 个关键帧，设置"效果控制"选项区中的各项参数，如图 9-50 所示。

步骤 04 在时间线上选中右侧的第 2 个关键帧，设置"效果控制"选项区中的各项参数，然后单击"确定"按钮，如图 9-51 所示。

图 9-48　添加"气泡"滤镜

图 9-49　单击"自定义滤镜"按钮

图 9-50　设置第 1 个关键帧的效果参数

图 9-51　设置第 2 个关键帧的效果参数

步骤 05　在预览窗口中播放图片素材，预览"气泡"滤镜效果，如图 9-52 所示。

图 9-52　预览"气泡"滤镜效果

9.3.4　添加转场效果

在素材之间添加转场效果，使素材之间的切换形成动画效果，提升影片的观赏性和流畅性，具体操作方法如下。

步骤 01　在"库"面板左侧单击"转场"按钮，然后选择"擦拭"类别，选择"单向"转场，如图 9-53 所示。

视　频

添加转场效果

步骤 02 将"单向"转场拖至视频轨上的"视频 13"和"视频 14"素材之间，然后选中该转场，如图 9-54 所示。

图 9-53 选择"单向"转场　　　　图 9-54 添加"单向"转场

步骤 03 打开"转场"面板，设置转场的方向和边框大小，如图 9-55 所示。

步骤 04 采用同样的方法，将"遮罩"类别中的"遮罩 E"转场添加到"视频 05"和"视频 06"之间。在"转场"面板中单击"自定义"按钮，如图 9-56 所示。

图 9-55 设置转场效果　　　　图 9-56 单击"自定义"按钮

步骤 05 在弹出的对话框中设置转场效果参数，然后单击"确定"按钮，如图 9-57 所示。

步骤 06 在"库"面板左侧单击"媒体"按钮，在"背景"选项下选择"纯色"类别，然后选择黑色图形，如图 9-58 所示。

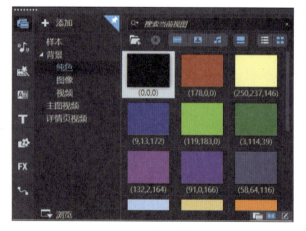

图 9-57 设置转场效果参数　　　　图 9-58 选择黑色图形

步骤 07 将黑色图形添加到"叠加 1"轨道中图片素材的右侧，并修剪素材。在图片素材和图形素材之间添加"对开门"转场，并调整转场时间，如图 9-59 所示。

步骤 08 在"选项"面板的"方向"区域中单击"双开门 - 擦拭"按钮，即可制作视频闭幕效果，如图 9-60 所示。

图 9-59 添加"对开门"转场并调整转场时间 　　　　　图 9-60 制作视频闭幕效果

9.3.5 制作运动追踪动画

视频

制作运动
追踪动画

运动追踪可以跟踪视频画面中的某个点，以添加素材或动态马赛克效果，让字幕或图示完美地附着在移动的物体上，随着物体的移动进行移动。利用"运动追踪"和"匹配动作"功能制作商品结构的图示动画，具体操作方法如下。

步骤 01 在视频轨上选中"视频 04"素材，在工具栏中单击"运动追踪"按钮，在弹出的"运动追踪"对话框中取消选择"添加匹配对象"复选框，在"追踪器类型"选项中单击"按区域设置追踪器"按钮，然后在预览区域调整追踪器的大小和位置，使其位于瓶身的文字上，如图 9-61 所示。单击工具栏中的"运动追踪"按钮，开始进行运动追踪，追踪完成后单击"确定"按钮。

步骤 02 在"库"面板左侧单击"媒体"按钮，将"01"图片素材添加到"叠加 1"轨道上，并修剪图片素材，使其对齐"视频 04"的开始和结束位置。用鼠标右键单击图片素材，选择"运动"|"匹配动作"命令，如图 9-62 所示。

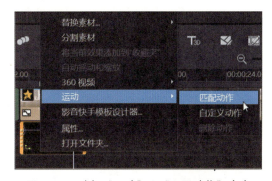

图 9-61 设置运动追踪 　　　　　图 9-62 选择"运动"|"匹配动作"命令

步骤 03 在弹出的"匹配动作"对话框中，在时间线上选中第 1 个关键帧，在预览区域调整图片素材的大小和位置。用鼠标右键单击第 1 个关键帧，选择"复制"命令，如图 9-63 所示。

步骤 04 选中第 2 个关键帧并用鼠标右键单击，选择"粘贴"命令，如图 9-64 所示。单击"确定"按钮，即可完成图片素材的运动追踪动画效果。

步骤 05 在时间轴面板左侧用鼠标右键单击"叠加 1"轨道，选择"插入轨下方"命令添加轨道。根据需要添加三个"叠加"轨道，然后分别将"02""03""04"图片素材依次添加到叠加轨道上，并按照前面的方法设置图片运动追踪，如图9-65所示。

步骤 06 在预览窗口中播放视频，查看运动追踪动画效果，如图9-66所示。

图9-63 选择"复制"命令

图9-64 选择"粘贴"命令

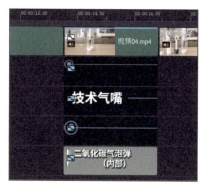

图9-65 添加图片素材并设置运动追踪

图9-66 预览运动追踪动画效果

9.3.6 添加字幕

在短视频中添加字幕，具体操作方法如下。

步骤 01 在"视频"轨道中选中要添加字幕的视频素材，在此选择"视频08"素材。然后在"库"面板左侧单击"标题"按钮 T，在预览窗口中双击，如图9-67所示。

步骤 02 在预览窗口中输入所需的文字，如图9-68所示。

图9-67 在预览窗口中双击

图9-68 输入文字

步骤 03 选中第2行文字，在"库"面板中单击右下方的"显示库和选项面板"按钮，在"标题选项"面板中单击"字体"按钮，然后设置字体、字号等格式，如图9-69所示。

步骤 04 在预览窗口中选中文字，在"标题选项"面板中单击"阴影"按钮，选择阴影样式，然后设置相关阴影参数，如图9-70所示。

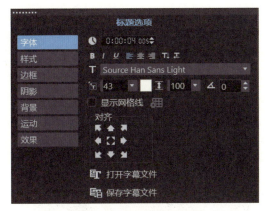

图 9-69　设置字体效果

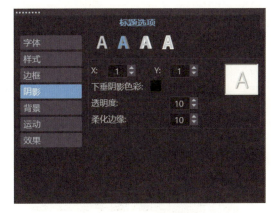

图 9-70　设置阴影效果

步骤 **05**　在"库"面板左侧单击"标题"按钮📘，打开标题库，在时间轴面板中将"标题 1"轨中的文字素材拖至标题库中，即可保存标题模板，如图 9-71 所示。要继续在视频中添加文字，可以直接将标题模板拖至"标题轨"中并修改文字。

步骤 **06**　在"库"面板左侧单击"转场"按钮📘，选择"覆盖转场"类别，然后选择"交叉淡化"转场，单击"添加到收藏夹"按钮⭐，即可将常用的转场添加到收藏夹，如图 9-72 所示。

图 9-71　保存标题模板

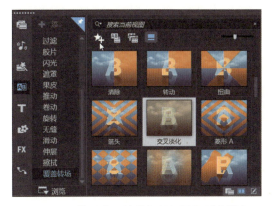

图 9-72　将"交叉淡化"转场添加到收藏夹

步骤 **07**　在转场类别中选择"收藏夹"类别，即可看到收藏的转场，选择"交叉淡化"转场，如图 9-73 所示。

步骤 **08**　按住【Ctrl】键的同时将"交叉淡化"转场拖至文本素材的开始位置，如图 9-74 所示。采用同样的方法，为其他文本素材添加转场。

图 9-73　选择"交叉淡化"转场

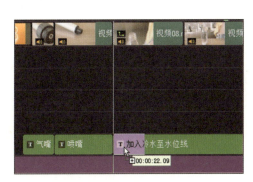

图 9-74　为文本素材添加转场

9.3.7 添加音效并导出视频

在短视频中添加音效素材，渲染画面氛围，给观众带来更多的真实感，然后导出视频文件，具体操作方法如下。

步骤 01 将"倒水 1"音频素材添加到"音乐 1"轨道上并修剪素材，用鼠标右键单击音频素材，选择"淡出音频"命令，如图 9-75 所示。

步骤 02 用鼠标右键单击音频素材，选择"音频滤镜"命令，如图 9-76 所示。

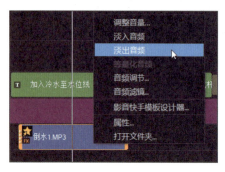

图 9-75 选择"淡出音频"命令

图 9-76 选择"音频滤镜"命令

步骤 03 在弹出的对话框中选择"长回声"滤镜，单击"添加"按钮，然后单击"确定"按钮，如图 9-77 所示。

步骤 04 在导航栏中选择"共享"选项卡，选择 MPEG-4 格式，在"配置文件"下拉列表框中选择所需的属性选项，设置文件名和文件位置，然后单击"开始"按钮，导出视频文件，如图 9-78 所示。

图 9-77 添加音频滤镜

图 9-78 设置导出选项并导出视频文件

9.4 综合实训

打开"素材文件\第 9 章\综合实训"，将视频、图片、音乐等素材导入会声会影程序中，将素材添加到时间轴面板中并进行修整，为素材添加滤镜效果，在素材之间添加转场效果，在视频素材中添加字幕并制作运动追踪动画，然后导出手表详情页视频，效果如图 9-79 所示。

图 9-79　手表详情页视频效果

视频	视频	视频	视频	视频	视频	视频
设置视频项目属性并导入素材	修整素材	添加转场效果	添加滤镜效果	制作短视频字幕	制作运动追踪动画	编辑音频素材

【课后练习】

1. 简述商品短视频的作用。

2. 利用提供的素材文件，使用会声会影制作女包主图视频，效果如图 9-80 所示。

图 9-80　制作女包主图视频

视频	视频	视频	视频
课后练习 -1 导入素材并保存项目	课后练习 -2 修整视频素材并添加转场效果	课后练习 -3 添加字幕	课后练习 -4 导出视频并转换格式

第 10 章
移动端网店装修美工设计

➡️ **学习目标**

- 了解移动端网店页面的框架结构。
- 了解移动端网店图片发布的尺寸要求。
- 掌握移动端网店装修的基本方法。
- 掌握移动端网店直播主图的制作方法。

➡️ **素养目标**

- 提高版权保护意识，遵纪守法。
- 培养网络安全意识，安全、正确、合理地使用网络资源。

　　移动端网店可以看作是 PC 端网店的延续，在进行网店装修时要把握"用户体验"这一关键点。移动端网店主要依附于智能手机平台，智能手机又让人与机器之间有了更亲密的接触与互动，所以与移动端中其他应用软件一样，在设计移动端网店页面时，要结合智能手机平台的特色，设计出更加注重交互体验与友好度的页面，这样才能赢得买家的喜爱，从而提高转化率。

10.1 移动端网店页面结构分析

现在移动端应用软件的页面设计风格普遍倾向于简洁、清爽的扁平化设计，这是因为去除冗余和繁杂的装饰元素后，移动端应用软件的页面会变得更加干净、整齐，可以更直接地将重要的信息展示出来，在给用户带来更好的操作体验的同时，有效地减少了认知障碍的产生。作为一款移动端应用软件，移动端网店装修也应遵循这样的设计理念。下面将以手机淘宝为例，对移动端网店的页面结构进行详细介绍。

10.1.1 移动端网店页面的框架结构

移动端网店和 PC 端网店一样，也存在着页面之间的跳转及页面结构层级关系的安排与布置问题。这里所说的页面不再是指网店的各级网页页面，而是指存在于手机淘宝中的网店各级页面。为了便于管理，手机淘宝已经给卖家划分好了相应的网店页面框架结构，如图 10-1 所示。

卖家虽然可以不必考虑图标、按钮等设计，也不必过多地考虑移动端网店页面的结构组成，却要在已有的框架结构中添加能够促进买家消费的内容。此外，根据框架结构给所添加的内容设置相应的商品或活动链接也尤为重要，否则混乱的商品或活动链接会导致网店框架结构变得非常混乱，不被买家所理解，甚至阻碍买家的购买进程。

移动端网店首页 →

框内部分为淘宝平台自动生成的板块，其中将网店首页划分成了"首页""全部宝贝""网店动态""宝贝分类""店铺会员"等固定板块，卖家只需在不同区域添加对应的内容即可 →

← 移动端商品详情页

← "店铺""客服""收藏"图标和"加入购物车""马上购"按钮是不需要自己设计的，并且详情页的第一屏都会展示商品图片、价格、名称等信息，卖家可以不考虑这些框架结构的布置，但需要设计图片、名称等内容

图 10-1　手机淘宝网店页面框架结构

点击图 10-2（a）中的轮播图片后，就会打开图 10-2（b）中的商品详情页，两者之间是对应的，为同一商品信息。只有建立了正确的对应关系，才能让买家快速且方便地找到自己所需的商品，获得更好的购物体验。

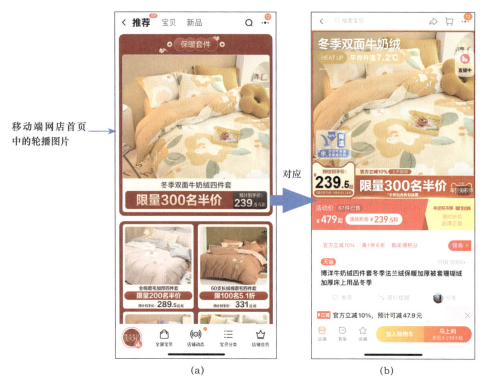

移动端网店首页
中的轮播图片

对应

(a)　　　　　　(b)

图 10-2　图片对应的链接

10.1.2　移动端网店图片发布尺寸要求

为了规范设计，手机淘宝对图片的发布尺寸做出了非常明确的要求，如图 10-3 所示。

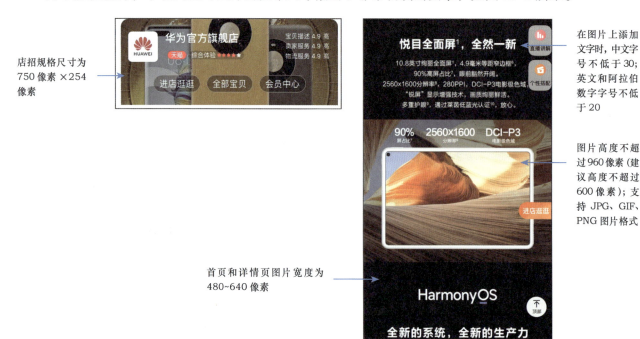

店招规格尺寸为
750 像素 ×254
像素

在图片上添加
文字时，中文字
号不低于 30；
英文和阿拉伯
数字字号不低
于 20

图片高度不超
过 960 像素（建
议高度不超过
600 像素）；支
持 JPG、GIF、
PNG 图片格式

首页和详情页图片宽度为
480~640 像素

图 10-3　图片发布尺寸要求

10.2 移动端网店装修快速入门

移动端网店装修与 PC 端网店装修的设计思路基本是一致的，都是为了展示商品，展示网店与品牌，促进网店的持续发展。然而，PC 端网店页面中的全部内容不能简单地一键导入移动端网店，否则会出现 PC 端内容无法适应移动端的情况。在进行移动端网店装修时，卖家要考虑到移动端的特点与属性，并进行合理的变化与调整。

10.2.1 保持网店设计风格的一致性

移动端网店整体的装修与设计要做到风格一致、首尾呼应，否则不利于网店整体设计风格的塑造。不同于 PC 端网店，移动端网店是一种狭窄的视觉展示，如果不依据网店品牌基调保持设计风格的一致性，网店形象的不鲜明感就会带来视觉的混乱体验，无法让买家对网店形成视觉记忆。

例如，图 10-4 所示为经营女鞋的某网店移动端首页页面的第一屏与第二屏。该网店为了迎合促销氛围，采用了具有活动气氛的风格，并且整体装修风格没有脱离网店品牌，与商品形象比较贴切。促销活动的表现形式多种多样，可以走可爱路线，也可以是古典风、淑女风的表现形式，这家网店选择了更适合网店品牌的淑女风的表现形式。

图 10-4　女鞋移动端网店页面

10.2.2 采用简单且便于操作的设计方式

智能手机让人们通过指尖便能轻松地互动，操控变得更加随心所欲。这一特点也会影响移动端网店装修。

在进行移动端网店装修时，有的网店会直接套用 PC 端网店的设计方式，在移动端设计了可供买家进行缩放控制的页面尺寸，买家通过滑动手机屏幕对页面进行缩放控制，就能清楚地浏览页面中的信息，如图 10-5 所示。

这样的设计方式看似解决了页面中信息过多、不能清晰显示的问题，但在一定程度上增加了买家的操作负担，如图 10-6 所示。

未缩放、正常显示尺寸的商品详情页。受手机尺寸的限制，页面中描述商品信息的文字较小，不能清晰地展示在买家面前

滑动手机屏幕后，页面放大，买家能够较为清晰地看清其中的文字信息

图 10-5　移动端网店页面缩放控制设计

  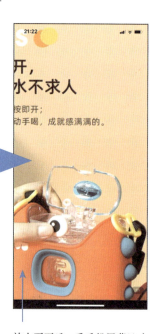

当买家想完整地阅读详情页上的文字信息时，在未缩放的情况下，无须拖动页面，手机屏幕便可以展示完整的商品信息

为了能够更清晰地阅读详情页上的文字信息，买家需要点击图片，然后滑动屏幕，放大页面

放大页面后，受手机屏幕尺寸的限制，页面中的商品信息不能在纵向或横向空间中完整地展示，买家需要上下左右拖动页面才能完整地浏览商品信息

图 10-6　增加了买家的操作负担

　　通过上面的操作买家确实可以看清页面中的商品信息，但需要经过左拖、右拖、上拉、下滑等一系列手势来完成。这样的操作会花费买家过多的精力与时间，让他们无法一心一意地进行购物，复杂的操作与交互设计很可能会给买家带来困惑与苦恼，甚至让他们最终失去浏览的耐心。

　　相比之下，无须进行缩放操作，只需伸出手指执行单一上拉或下滑手势便可以进行商品信息的浏览与阅读，这种简单且易于操作的方式更容易受到买家的青睐。因此，在进行移动端网店装修时，要简化一切不必要的设计，让买家不必因为多余的操作而忘记网购的初衷，这也是促进移动端网店销量增加的有效手段之一。

10.2.3 网店色彩的设计与选择

手机屏幕的尺寸有限，所以移动端网店的可浏览面积也相对较小，买家的视觉会受到限制。这时，除了需要对文字进行精简以外，在整体色彩上也要具有鲜明感。

PC 端网店经常使用深色系的色彩来表现品牌的档次与众不同，但移动端网店的显示范围相对集中，过于暗沉的色彩可能会引起买家感官的不适，这也是淘宝平台统一采用浅灰色作为网店模板背景色的主要原因。就像浏览电子书一样，白纸黑字的组合方式更符合大众的阅读习惯。

在进行移动端网店装修时，最好采用较为鲜亮的色彩，因为这样既能给买家带来较好的浏览体验，又能与淘宝平台所提供的浅灰色背景相融合，让网店的整体设计风格更加统一与完整。

例如，某移动端网店的前几屏大面积采用黑色作为图片的背景颜色，黑色成为网店装修的主色调；到了网店的后几屏，商品展示图片并没有去迎合这样的色调，既有浅色商品图片，又有深色商品图片，如图 10-7 所示。当它们都被放在淘宝平台所提供的浅灰色背景环境中后，后几屏不能很好地与前几屏所营造的深色色调相融合，显得前后不一，网店装修的设计风格也就失去了统一性与完整性。

深色系的色彩容易给人带来一种沉重感，对于利用碎片化时间进行网购的移动端买家来说，他们希望获取轻松与自在感，深色系并不能给他们带来愉悦的体验；相反，较为明亮的色彩能让买家获得轻松的感受与体验，如图 10-8 所示。

鲜明的色彩不一定是鲜艳的高纯度色彩，也可以是低纯度但明度较高的色彩。相对于深色系的色彩而言，这些色彩更加引人注目，能够获得买家较高的关注度，容易吸引买家的眼球，激发其购买欲望，如图 10-9 所示。

网店笼罩在黑色色调之中

淘宝平台提供的是浅灰色背景

(a) 前几屏页面风格　　　　(b) 后几屏页面风格

图 10-7 某移动端网店页面装修效果

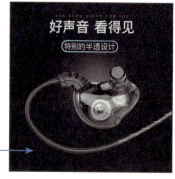 

深色系的色彩显得较为沉闷与压抑，不能给买家带来轻松的感觉

明亮的色彩能给买家带来豁然开朗感，鲜明而又具有活力

图 10-8　两种色调对比

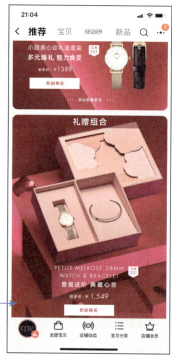 

大面积采用高纯度色彩，鲜明而又生动，能给人带来愉悦的视觉感受

不采用高纯度色彩，而用高明度色彩覆盖，呈现出令人舒适的淡雅感

图 10-9　高纯度色彩与高明度色彩

10.3　课堂案例：美妆商品直播主图设计

本案例为某直播间美妆商品设计直播主图，使用复古的背景作为修饰，并添加简单的广告词及"领福利""活动价"等促销信息来突出商品优势，如图 10-10 所示。

图 10-10　美妆商品直播主图

视　频

美妆商品直播主图设计

10.3.1　设计理念

- 使用墨绿色作为背景，搭配上黄色的广告文字，更好地突出了主题信息。
- 添加"领福利""活动价"等促销信息，激发买家的购物欲望，进一步吸引其点击主图。

10.3.2　技术要点

- 为图片创建图层蒙版，对图像的显示进行控制。
- 利用"内阴影"图层样式为图片添加内阴影效果。
- 使用文字工具添加促销文案。
- 使用形状工具绘制各种修饰形状。

10.3.3　实操演练

步骤 01　在 Photoshop CC 2020 中单击"文件"|"新建"命令，弹出"新建文档"对话框，设置图像大小为 800 像素 × 800 像素、背景色为白色，然后单击"创建"按钮，如图 10-11 所示。

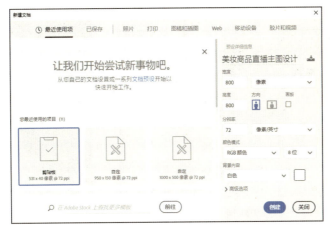

图 10-11　新建图像文件

步骤 02　选择矩形工具，绘制一个矩形，设置其填充颜色为 RGB（24，80，90）。单击"图层"面板下方的"创建新图层"按钮⊞，新建"图层 1"，选择椭圆选框工具，在其属性栏中设置"羽化"为 40 像素，在图像窗口中绘制一个椭圆选区，并填充颜色为 RGB（0，179，193），如图 10-12 所示。

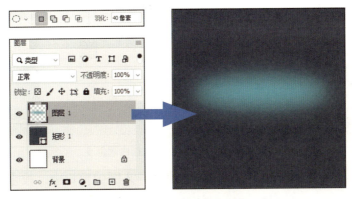

图 10-12　羽化并填充选区

步骤 03　按【Ctrl+T】组合键调出变换框，调整图形的大小和角度，并在"图层"面板中设置

"图层 1"的"不透明度"为 65%。按【Ctrl+J】组合键复制图层，然后将其移至合适的位置，如图 10-13 所示。

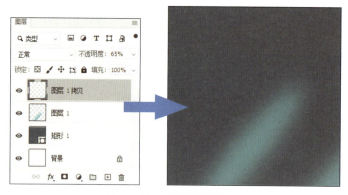

图 10-13　调整并复制图层

步骤 04　选择椭圆工具，绘制圆形，设置填充色为 RGB（240，243，247），在"属性"面板中设置"羽化"为 190.0 像素。在"图层"面板中设置图层混合模式为"叠加"，此时主图背景制作完成，如图 10-14 所示。

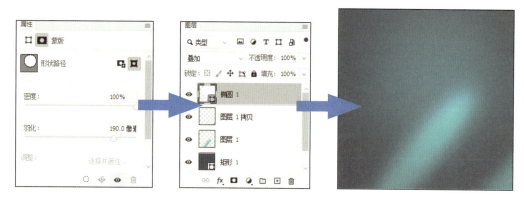

图 10-14　绘制圆形并设置图层混合模式

步骤 05　打开"素材文件 \ 第 10 章 \01.png"，将图形移至图像窗口顶端。双击"图层 2"，在弹出的"图层样式"对话框中设置"内阴影"图层样式，然后单击"确定"按钮，如图 10-15 所示。

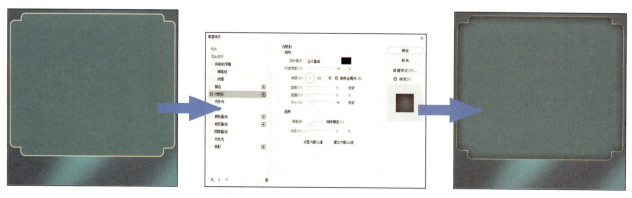

图 10-15　导入素材并添加内阴影 1

步骤 06　打开"素材文件 \ 第 10 章 \02.png"，将其导入图像窗口中。按【Ctrl+T】组合键调出变换框，调整图形的大小。单击"图层"面板下方的"添加图层样式"按钮 fx，选择"内阴影"选项，在弹出的"图层样式"对话框中设置各项参数，然后单击"确定"按钮，如图 10-16 所示。

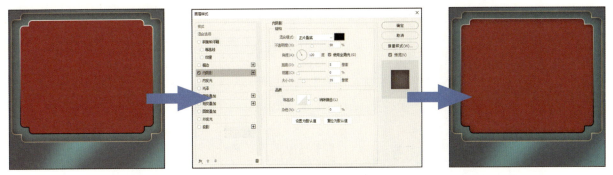

图 10-16 导入素材并添加内阴影 2

步骤 **07** 打开"素材文件 \ 第 10 章 \03.png",将其导入图像窗口中。单击"图层"|"创建剪贴蒙版"命令,隐藏图像多余的部分。按住【Ctrl】键的同时单击"图层 3"的图层缩览图激活选区,单击"选择"|"修改"|"收缩"命令,在弹出的"收缩选区"对话框中设置"收缩量"为 5 像素,然后单击"确定"按钮,如图 10-17 所示。

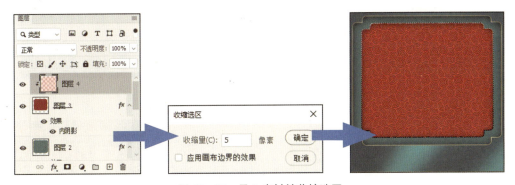

图 10-17 导入素材并收缩选区

步骤 **08** 选择"图层 4",单击"图层"面板下方的"添加图层蒙版"按钮 ◻,添加图层蒙版,将图像的边框显示出来,如图 10-18 所示。

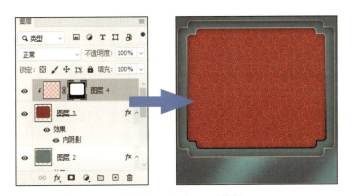

图 10-18 添加图层蒙版

步骤 **09** 打开"素材文件 \ 第 10 章 \04.png、05.png、06.png",将其导入图像窗口中。选择横排文字工具,输入相应的促销文案,并在"字符"面板中设置文字的各项参数,如图 10-19 所示。

步骤 **10** 双击文本图层,在弹出的"图层样式"对话框中设置"渐变叠加"图层样式,其中渐变色为 RGB(246,214,141)到 RGB(255,248,196)再到 RGB(246,214,141),然后单击"确定"按钮。用鼠标右键单击文本图层,选择"拷贝图层样式"命令,选择其他文本图层并用鼠标右键单击,选择"粘贴图层样式"命令,如图 10-20 所示。

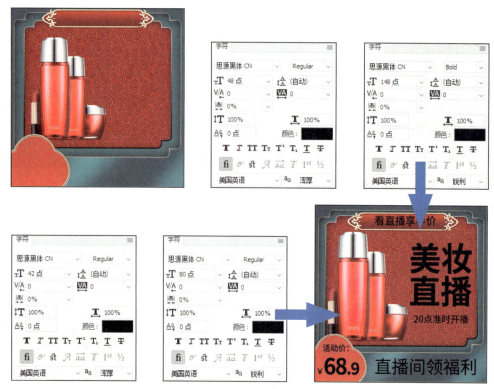

图 10-19　输入促销文案并设置文字参数

图 10-20　设置"渐变叠加"图层样式并选择"粘贴图层样式"命令

步骤 **11**　选择圆角矩形工具，绘制一个圆角矩形，为其添加同样的"渐变叠加"图层样式，更改开播时间文案的颜色为 RGB（226，0，18），然后对主图中文字和商品的位置进行调整，即可得到最终效果，如图 10-21 所示。

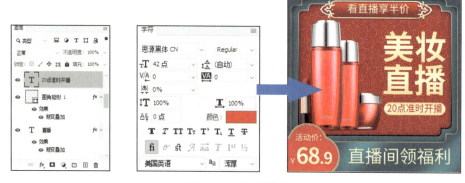

图 10-21　最终效果

【课后练习】

1．简述移动端网店页面的框架结构安排。

2．找出两家优质女装网店并分析它们在首页设计上的共性。

3．利用素材文件"素材文件\第10章\茶叶网店移动端首焦轮播图"为某茶叶网店设计一个移动端首焦轮播图，效果如图 10–22 所示。

视频

课后练习

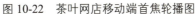

图 10-22　茶叶网店移动端首焦轮播图

第11章
移动端网店首页与详情页装修设计

➡️ 学习目标

- 掌握店招的装修设计方法。
- 掌握轮播图片的装修设计方法。
- 掌握优惠券的装修设计方法。
- 掌握商品分类导航及分类展示的装修设计方法。
- 了解网店详情页装修设计的 FABE 原则。
- 掌握移动端网店详情页的装修设计方法。

➡️ 素养目标

- 树立严谨的工作态度，提升做事的专注程度。
- 坚定文化自信，积极用作品展示美好生活。

越来越多的买家选择通过移动端网店进行网购，这是因为移动端网店所具备的特点给予了他们很好的用户体验。这些特点并不足以让买家决定购买，卖家还需要对网店进行个性化且更有亲和力的设计，对网店的各个细节进行优化，才能营造良好的购物氛围，让买家最终被网店所吸引并决定购买商品。

11.1 移动端网店首页装修设计

现在已经进入"商品为根，图片为主"的时代，因此移动端网店首页的设计首先需要考虑放置哪些商品图片，尤其是移动端网店这种具有阅读碎片化特性的平台，放置能够吸引买家眼球的商品图片是留住买家的关键。在移动端网店中展示具有强吸引力的商品是瞬间吸引买家、进行快速转化与页面跳转的关键。

移动端网店首页装修设计的逻辑关系可以总结为图 11-1 所示的框架图。与 PC 端网店首页的装修设计方法类似，移动端网店首页同样可以根据商品、网店品牌等定位的不同采用不同的设计风格与设计方式。

受手机屏幕尺寸的限制，移动端网店页面的显示范围较窄，且在移动端进行网店信息的捕捉时，大多数买家已习惯于纵向向下的浏览方式，因此移动端网店首页没有侧边栏信息条，只包括店招、分类导航、轮播图片和优惠券等，但卖家仍需对其细节进行优化设计，以吸引买家进店消费。

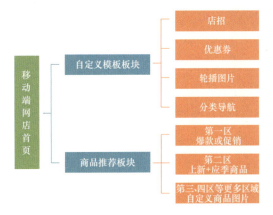

图 11-1 移动端网店首页装修设计框架图

11.1.1 店招的装修设计

下面以手机淘宝为例，介绍店招的装修设计方法。手机淘宝店招背景图片尺寸为 750 像素 ×254 像素，店招底图作为店招的主要装饰元素，可以用来突出网店的特色与形象，如图 11-2 所示。

图 11-2 店招底图

因为店招底图的实际显示面积比较小，所以在设计时不宜过于复杂，简单明了的设计才能让买家快速获取网店信息，在为打造网店品牌起到促进作用的同时在一定程度上吸引买家进店消费。

店招是移动端网店给买家留下的第一印象，并且店招最显眼的部分就是店招底图。相对于网店标志而言，店招底图的显示尺寸较大，更容易吸引买家的目光。

图 11-3 所示的 PC 端网店店招中除了网店品牌徽标外，还包含优惠券领取按钮等信息，如果将它们全部搬到移动端网店店招中显然是不现实的，因为移动端网店店招的显示范围相对较小，如果添加过多的内容，买家就会看不清活动详情。把主推商品图作为简单背景底图来使用，不仅迎合了网店的销售氛围，也能让买家在第一时间了解网店中的主营商品。

网店品牌徽标 ——
优惠券领取按钮
主推商品图

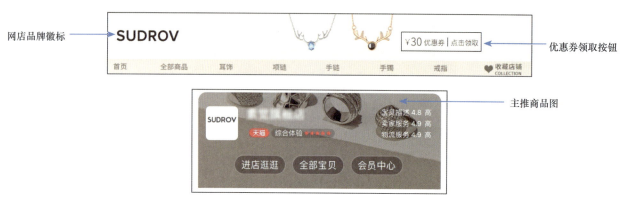

图 11-3　PC 端网店与移动端网店店招设计的不同

图 11-4 所示的移动端网店店招底图选择了一张背景图片，并搭配了简洁的文字描述，很好地控制了图片与文字色彩的对比度，让买家可以清晰地阅读文字。简短的文案迎合了喜爱快速阅读的买家的口味，同时也对网店所倡导的生活理念进行了高度概括。

底图内容可以是纯图片，并且图片内容要与网店形象有所关联；也可以是以图片为主或以文字为主的图文搭配形式，通过文字标明网店的特点，以此来吸引买家。此外，在店招底图中还可以添加网店活动时间等内容，如图 11-5 所示。

图 11-4　图片与文字组合的店招底图

图 11-5　提醒活动时间的店招底图

不论店招底图中包含哪些内容，在设计时都要注意保持信息的完整性与清晰性，并且所添加的底图内容要与网店具有一定的关联，否则买家无法接收到店招中的信息，店招设计也就不能起到实质性的作用。

有的卖家为了追求视觉的美观，会选择一些看起来很精美却与网店没有明显关系的图片作为店招底图。例如，图 11-6 所示的移动端网店主营玩具类商品，其店招却选择了与网店毫无关系的图片，看似不错，但无法起到说明与传达网店信息的作用。

在设计移动端网店店招时，除了需要注意上述问题外，还要平衡好网店标志与底图的位置关系，尽量避免文字信息被遮挡的情况发生，否则会影响买家对店招信息的捕捉，不能带来良好的视觉体验。图 11-7 所示的店招底图中的说明文字被大面积遮挡，同时文字太多，很不美观，无法让买家有效地获取网店信息，底图中的文字也就失去了意义。

图 11-6　与网店无关的店招底图

图 11-7　店招底图文字被遮挡

11.1.2　轮播图片的装修设计

轮播图片也称为焦点图，通常被放在移动端网店的首焦页面，也就是第一屏中能被买家快速看到的位置。

通常情况下，轮播图片中包含网店上新活动通知、促销活动展示等内容。轮播图片的内容要简洁、文字要清晰、主次要分明，并且要能达到快速传播的目的，如图 11-8 所示。

图 11-8　轮播图片

此外，在设计时要注意控制好轮播图片的数量，以及展示的先后顺序。一般来说，2~4 张图片轮播展示较为适宜，超过 4 张图片就会花费买家过多的时间，让其失去浏览的耐心。在设计时可以根据网店活动的重要程度或先后顺序对轮播图片的位置进行相应的调整。图 11-9 所示的移动端网店轮播图片中，两张都是主推商品图，因为第一张展示的是优惠折扣活动，所以将其放在了第一轮播图的位置。

图 11-9　确定轮播图片的先后顺序

11.1.3 优惠券的装修设计

优惠券是一种用于吸引买家注意力的重要促销手段，所以通常情况下会被放在网店首页的开端位置，这样可以在第一时间引起买家的关注，并让其产生进店购买的欲望。因为每个人都希望自己所购买的商品物美价廉，所以在商品相同的情况下参加优惠券折扣活动的商品对买家来说更具诱惑力。

在进行移动端网店的装修设计时，一般将优惠券放在店招或轮播图片的下方，并留出足够的空间，使用较为鲜明的色彩，让买家能够注意到优惠券，这样才能真正发挥引流与促进转化的作用。

图 11-10 所示的优惠券设计中虽然没有使用非常鲜艳、富有刺激性的色彩，但是修饰图案与背景色的搭配能让优惠券板块在网店首页整体的色彩环境中显得十分突出，足以引起买家的注意。

过于花哨的设计有时反而会让优惠券淹没在各种视觉元素的冲击之中。图 11-11 所示的优惠券底图的色彩较为鲜亮，文字则显得不够明显与突出，这样的设计效果并不理想。

网店中的某些优惠活动可以设计成优惠券的形式。图 11-12 所示的网店优惠活动还设计了优惠券按钮，让买家更有互动参与感。买家在领取优惠券以后，至少有一件实际的东西——优惠券放在了自己的账户里，此时买家就会产生"有优惠券不用多可惜"的想法。如果没有优惠券入手，买家对活动的参与感就会大大降低。

图 11-11　过于花哨的优惠券设计

图 11-10　优惠券板块

图 11-12　活动优惠券

在优惠券上添加"进入领取 >"按钮之类的视觉元素，可以在一定程度上引导买家的点击行为。相对于没有明显按钮引导的优惠券板块而言，有按钮引导时更具操作的提示感，有利于引导买家的参与行为。

11.1.4 商品分类导航的装修设计

通常情况下，在移动端网店首页中，轮播图片与优惠券板块后面是分类导航板块。在设计这个板块时，要注意控制好显示尺寸与比例，使其能够清晰与完整地展示在买家面前，起到快速导航的作用，如图 11-13 所示。

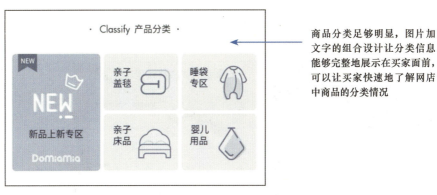

商品分类足够明显，图片加文字的组合设计让分类信息能够完整地展示在买家面前，可以让买家快速地了解网店中商品的分类情况

图 11-13　商品分类导航

11.1.5　商品分类展示的装修设计

在商品分类导航之后是商品分类展示板块。与 PC 端网店首页类似，移动端网店首页商品分类展示板块会被分为几个区域；与 PC 端网店有足够的空间来装饰与美化该板块不同的是，移动端网店为了迎合目标消费群体"求快、求便"的心理，在设计上更简洁，如图 11-14 所示。

通常情况下，移动端网店首页商品分类展示会呈现以爆款或促销为主的商品图片，将全店爆款或非常优惠的商品图片放在第一区，以促进购买力的快速转化，如图 11-15 所示。

简洁的分类标题提示，没有过多的装饰

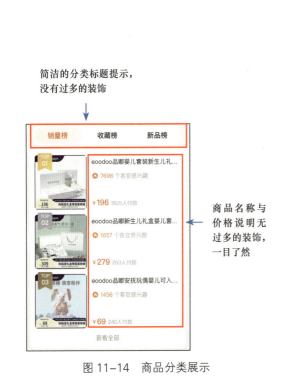

商品名称与价格说明无过多的装饰，一目了然

图 11-14　商品分类展示

在商品分类展示第一区中，对爆款商品进行展示

在商品分类展示第一区中，对促销商品进行展示

图 11-15　爆款和促销商品展示

移动端网店与 PC 端网店的销售对比数据表明，就上新的受欢迎程度而言，移动端网店要比 PC 端网店好，同时季节性营销效果更为明显。也就是说，移动端买家更关注网店新品与应季商品的发布，因此在商品分类展示的第二区中可以对新品与换季商品进行重点展示，如图 11-16 所示。

除了上述的第一区与第二区以外，还有第三区、第四区……在这些区域可以根据需要放置不同的商品。在网店首页商品分类展示第三区中，对店长推荐的商品进行展示（见图11-17），如同实体店中贴有"店长推荐"标签的商品，这类商品通常属于爆款或网店中的"镇店之宝"，会对买家具有一定的吸引力。

图 11-16　新品与换季商品展示

图 11-17　店长推荐

需要强调的是，商品分类展示区的分区不宜过多，商品分类展示的每一区中的商品图片也不宜过多，因为过多的分区或商品图片会导致买家长时间下拉页面，使其失去浏览的耐心，这样位于下方的分类展示便会失去存在的意义。

手机屏幕显示区域较窄，图片横向组合时需要让买家看清商品图片，每一行放2张图片最为合适。简洁、整齐的图片排列组合能让移动端的买家获得更好的浏览与购物体验。

11.2　移动端网店详情页装修设计

移动端网店的详情页与PC端网店的详情页有着同样的设计思路，在借鉴PC端网店详情页设计方法的基础上，我们要注意迎合移动端网店的特点，控制好描述文字的大小与简洁程度，否则过小、过密的文字会让移动端买家不能很好地接收商品信息，容易造成买家的流失。下面将详细介绍移动端网店详情页的装修设计原则与方法。

▶ 11.2.1　详情页装修设计的FABE原则

简单来说，FABE是一种通过4个关键环节来解答买家诉求，巧妙应对买家关心的问题，从而顺利实现商品销售诉求的销售模式，具体表现为4个方面，如图11-18所示。

FABE原则告诉我们，针对买家不同的购买动机，将最符合买家需求与利益点的商品推荐给买家，是非常精准、有效的。在网店详情页的装修设计中，可以参照这样的思路让商品的描述更具诱惑力与说服力。

详情页的描述相当于实体店中的推销员，过于死板的信息说明就像推销员的服务态度过于生硬一样，可能会让买家感到郁闷与生疏，使其早早关闭页面。在FABE原则的指引下，需要做到以下几点（见图11-19），让商品描述变得更加符合网店的销售环境，以增加买家的购买动力。

F——特征 (Features)	介绍商品的特质、特性等基本功能，以及它是如何满足买家需求的
A——优点 (Advantages)	介绍商品的卖点与优势，向买家证明商品的卖点，其实就是给买家提供更多购买该商品的理由
B——利益 (Benefits)	以买家利益为中心，告知并强调买家购买商品后会得到的利益，激发买家的购买欲望
E——证据 (Evidence)	证据指第三方认知、新闻舆论或技术报告等信息，要有足够的权威性、客观性、可靠性与可见证性，这样才能获得买家的信任

图 11-18　FABE 原则

真实感　逻辑感　亲切感　对话感　氛围感　正规感

图 11-19　网店详情页六大要点

1. 真实感

在实体店中，买家可以真实感受到商品，而网购时只能通过图片来了解商品，所以网店卖家需要模拟实体店的购物模式，保持商品的真实感，这样才能让买家更加放心地进行购买。同时，卖家还要保证商品的真实性，只有这样才能打造口碑，拉来回头客。

卖家在对商品特点进行介绍时，应从不同的角度展现商品的原貌，并添加细节说明，更加真实、全面地将商品呈现在买家面前，如图 11-20 所示。

图 11-20　商品展示细节图片

2．逻辑感

在进行移动端网店详情页的设计时，要注意描述的逻辑感。将买家最想看到的信息放置在页面顶端，以此为依据来确定商品详情页中信息的先后顺序，最终形成视觉漏斗模型中所表现的逻辑关系。

视觉漏斗模型中的逻辑关系其实就是FABE原则所体现的逻辑顺序，通过介绍商品的特征→商品优点→能给买家带来的利益点→证明商品质量的证据这4个步骤，在层层说明中一步步打消买家的顾虑，增强其购买信心，促成下单。

总之，在进行移动端网店详情页设计时，除了需要注意描述语句的逻辑，为买家清晰、明确地介绍商品外，还要在页面中体现具有营销效应的描述逻辑——让买家先看到其想看的信息，博取买家的眼球，然后添加有助于促进商品销售的各类信息，从而增强买家的购买欲望。

3．亲切感

充满亲切感的图片设计与文字描述能够营造出一种轻松、愉快的购物氛围，拉近买家与卖家的心理距离，就像是一名温和且有耐心的推销员，其亲切的服务态度能让买家放下戒备。图11-21所示为展示商品的图片设计，让买家感到很有亲和力。除此之外，添加更为贴心的服务项目与信息说明也能让买家感到贴心与亲切。

图11-21　展示商品的图片设计

4．对话感

作为虚拟的推销员，商品描述要具有对话感，这样不仅可以解决买家的疑问，还能让其获得身临其境的购物体验，提高购买的可能性，如图11-22所示。

5．氛围感

买家在无形之中或多或少地会有"凑热闹"的心理，当看到某件商品有很多人买便想去看个究竟，或者想跟风购买。因此，在设计移动端网店详情页时，要努力营造很多人都在争相购买的卖场氛围，这样的氛围会带动不少买家（尤其是冲动型买家）产生购买冲动。

6．正规感

正规与规范带来的是信赖感与可靠感，因此移动端网店的详情页中不能忽略认证证书等能够证明商品正规性的信息展示，如图11-23所示。

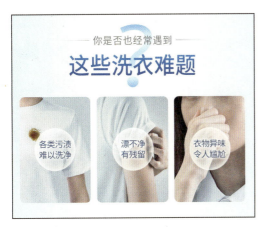

图 11-22　对话式商品描述

图 11-23　认证证书展示

11.2.2　直截了当地突出商品信息

移动端网店详情页浏览的连贯性不如 PC 端网店，并且买家的页面平均停留时间很短，所以在设计移动端网店详情页时必须做到简单高效、直截了当。

PC 端网店商品详情页的开端可能会出现"新品推荐""搭配套餐"等信息，但这些在移动端网店中不怎么实用。移动端网店必须在前三屏对商品的卖点和重要信息进行清晰的描述，因为过于烦琐的关联信息可能需要占用好几屏的空间，每占用一屏的空间便会让买家多一次滑动操作，这样可能会惹恼买家，使其失去对商品的购买兴趣，以致买家流失。

例如，图 11-24 所示的移动端网店详情页中，使用三屏来展示新品推荐和加入会员，到第四屏才进入详情页，此时买家很可能已经失去了浏览的耐心，并且促销活动的文字也不够精简，无法吸引买家认真地了解活动内容。

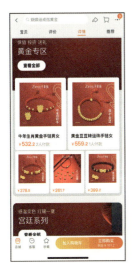

图 11-24　关联信息烦琐

11.3　课堂案例：女装网店年中盛典首页设计

本案例是为某女装网店设计"6·18"年中盛典活动移动端首页，页面主要以商品展示为主，通过红包、金币等修饰元素来烘托活动火爆的气氛。同时，在色彩搭配

视频

女装网店年中盛典首页设计

上突出时尚、醒目的感觉，最终效果如图 11-25 所示。

11.3.1 设计理念

● 在配色上使用紫色作为页面背景，使用黄色作为点缀色。鲜明的配色给人以纯粹的感觉，将商品时尚、活力的特质展现得恰到好处。

● 首焦海报通过颇具设计感的标题文字布局吸引买家视线，搭配穿着黄色时装的模特形象，让买家一眼就能了解网店销售的主要商品，从而充分地展示出网店信息。

● 商品展示区域通过不同的商品布局让页面显得协调而不单一，增强买家进一步深入了解商品的欲望。

11.3.2 技术要点

● 通过添加图层样式对文字的效果进行控制。
● 创建剪贴蒙版，控制图像的显示区域。

11.3.3 实操演练

步骤 **01** 在 Photoshop CC 2020 中单击"文件"|"新建"命令，弹出"新建文档"对话框，设置图像大小为 640 像素 ×2700 像素、背景色为白色，然后单击"创建"按钮，如图 11-26 所示。

图 11-25 女装网店年中盛典首页设计

图 11-26 新建图像文件

步骤 **02** 打开"素材文件\第 11 章\女装网店年中盛典首页设计\01.jpg、02.png、03.png"，将它们分别导入图像窗口中，作为首焦海报的背景。选择横排文字工具，输入文字"年中盛典"，并在"字符"面板中对文字属性进行设置，如图 11-27 所示。

步骤 **03** 按【Ctrl+J】组合键复制文本图层，选择"年中盛典"图层，在"图层"面板下方单击"添加图层样式"按钮 *fx*，选择"渐变叠加"选项，在弹出的"图层样式"对话框中分别设置"渐变叠加"和"投影"图层样式，其中渐变色为 RGB（18，214，223）到 RGB（247，15，255），投影颜色为 RGB（180，87，56），单击"确定"按钮，然后将其向下移至合适的位置，如图 11-28 所示。

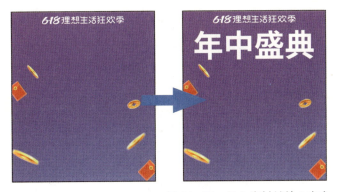

图 11-27　导入素材并输入文字

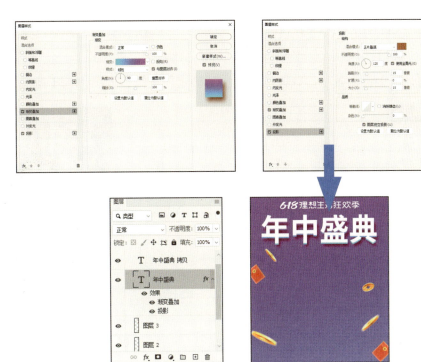

图 11-28　复制图层并添加图层样式

步骤 04　选择圆角矩形工具，绘制一个圆角矩形，在"属性"面板中设置各项参数，其中填充颜色为 RGB（254，222，53），如图 11-29 所示。

图 11-29　绘制圆角矩形并填充

步骤 05　单击"图层"|"图层样式"|"投影"命令，在弹出的"图层样式"对话框中设置各项参数，然后单击"确定"按钮。选择横排文字工具，输入文字"全场包邮"，并在"字符"面板中分别设置文字属性，其中文字颜色为 RGB（204，88，19），如图 11-30 所示。

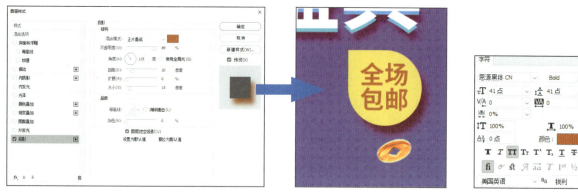

图 11-30　添加投影效果并输入文字

步骤 06　打开"素材文件 \ 第 11 章 \ 女装网店年中盛典首页设计 \04.png"，将其导入图像窗口中，按【Ctrl+T】组合键调出变换框，等比例缩小图像。单击"图层"|"图层样式"|"投影"命令，在弹出的"图层样式"对话框中设置各项参数，然后单击"确定"按钮，如图 11-31 所示。

图 11-31　导入模特素材并添加投影效果

步骤 07　打开"素材文件 \ 第 11 章 \ 女装网店年中盛典首页设计 \05.jpg"，将其导入图像窗口中。选择圆角矩形工具，绘制一个圆角矩形，在"属性"面板中设置各项参数，其中填充颜色为 RGB（168，52，242），描边渐变色为 RGB（63，187，254）到 RGB（165，65，255），并在"图层"面板中设置"填充"为 77%，如图 11-32 所示。

图 11-32　绘制圆角矩形并填充

步骤 08　使用横排文字工具输入优惠券标题文字，并在"字符"面板中分别设置文字属性，然后使用矩形工具绘制一个修饰图形，如图 11-33 所示。

图 11-33　制作优惠券标题文字

步骤 09　使用圆角矩形工具绘制优惠券背景，并填充颜色为 RGB（242，206，86），然后绘制一个白色按钮，使用横排文字工具在矩形块上输入优惠券文字，在"字符"面板中分别设置文字属性，如图 11-34 所示。

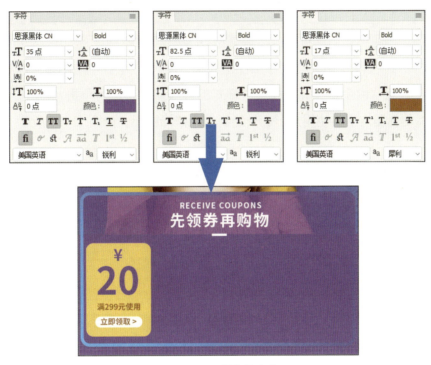

图 11-34　制作优惠券

步骤 10　在"图层"面板下方单击"创建新组"按钮，新建"组 1"图层组，将制作好的优惠券图层放到该图层组中。按 3 次【Ctrl+J】组合键复制该图层组，更改相应的文字和颜色，完成其他优惠券的制作，如图 11-35 所示。

图 11-35　制作其他优惠券

步骤 **11** 在"图层"面板中选择"圆角矩形 2"图层，按【Ctrl+J】组合键复制该图层，得到"圆角矩形 2 拷贝"图层，然后选择圆角矩形工具，在其工具属性栏中设置填充颜色为 RGB（189，222，255），设置旋转渐变为 –135，将其向下移至合适的位置。在"图层"面板中设置"不透明度"为 100%，"填充"为 21%，使用矩形选框工具创建一个矩形选区，按住【Alt】键的同时单击"添加图层蒙版"按钮▢，隐藏部分图像，如图 11–36 所示。

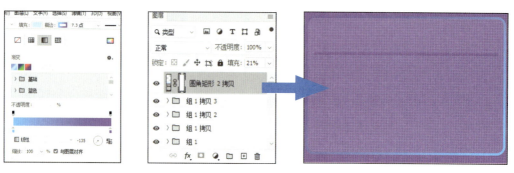

图 11–36　复制形状并添加图层蒙版

步骤 **12** 在"图层"面板下方单击"添加图层样式"按钮*fx*，选择"内阴影"选项，在弹出的"图层样式"对话框中设置"内阴影"和"投影"样式的各项参数，然后单击"确定"按钮。使用横排文字工具输入所需的标题文字，使用矩形工具绘制一个修饰图形，如图 11–37 所示。

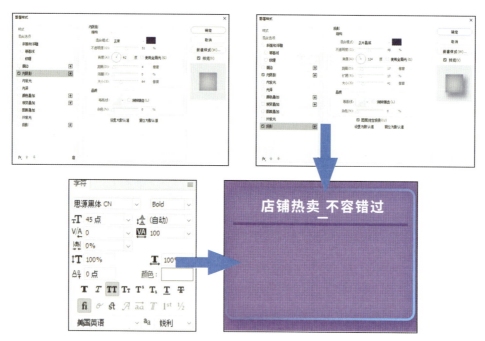

图 11–37　添加图层样式并输入文字

步骤 **13** 选择圆角矩形工具，绘制一个白色矩形，导入"素材文件 \ 第 11 章 \ 女装网店年中盛典首页设计 \06.jpg"。单击"图层"|"创建剪贴蒙版"命令，使导入的模特素材正好装入所绘制的矩形中，按【Ctrl+T】组合键调出变换框，调整图像的大小，如图 11–38 所示。

步骤 **14** 打开"素材文件 \ 第 11 章 \ 女装网店年中盛典首页设计 \07.png"，将其导入图像窗口中，然后使用横排文字工具输入热卖商品信息文字，使用圆角矩形工具绘制 3 个圆角矩形，如图 11–39 所示。

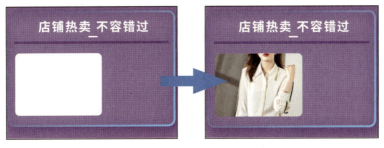

图 11-38　绘制白色矩形并创建剪贴蒙版

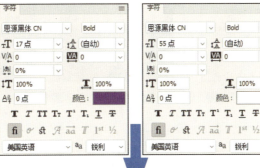

图 11-39　输入热卖商品信息文字并绘制圆角矩形

步骤 15　在"图层"面板下方单击"创建新组"按钮 ▢，新建"组 2"图层组，将上一步制作好的"店铺热卖 不容错过"图层放到该图层组中。按 2 次【Ctrl+J】组合键复制该图层组，更改图像的位置及相应的文字，导入"素材文件 \ 第 11 章 \ 女装网店年中盛典首页设计 \08.jpg、09.jpg"，完成其他热卖商品的制作，如图 11-40 所示。

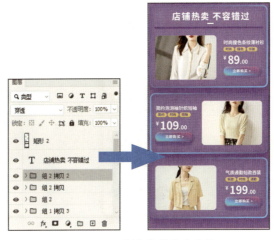

图 11-40　制作其他热卖商品

步骤 16 采用同样的方法，继续添加两个竖版热卖商品区，导入"素材文件 \ 第 11 章 \ 女装网店年中盛典首页设计 \10.jpg、11.jpg"，按【Ctrl+T】组合键调出变换框，调整图像的大小，如图 11-41 所示。

图 11-41　添加竖版热卖商品区

【课后练习】

1．在淘宝 App 上浏览玩具类目排名前五的网店首页设计，分析其有何优势。

2．举例说明 FABE 原则在移动端网店详情页设计中的具体应用。

3．利用素材"素材文件 \ 第 11 章 \ 坚果网店年货节移动端首页"，为某坚果类网店设计年货节移动端首页，效果如图 11-42 所示。

视 频

课后练习

图 11-42　坚果网店年货节移动端首页